JN007366

すぐに▼役立つ

◆図解とQ&Aでわかる◆

著作権の法律問題と
トラブル解決法

弁護士 **森 公任**／弁護士 **森元みのり** 監修

三修社

はじめに

　小説、音楽、舞踊、美術、建築、図画、映画、演劇などの著作物は、ときに人を感動させ、生きる希望や勇気を与えてくれます。著作物が高い評価を受ければ、多大な経済的利益をもたらすこともあります。その一方で、他人の作品を模倣していた事実が後から発覚し、批判を受けるケースがあるように、一歩間違えれば大きな問題に発展することもあります。このような著作物を守るための中心的な権利が著作権です。さらに、著作物を実演したり、市場に流通させたりする個人や団体（実演家、レコード製作者、放送事業者、有線放送事業者）の保護も重要であり、これを保護する権利が著作隣接権です。

　これら著作権や著作隣接権などを保護するために定められた法律が「著作権法」です。本書は、著作権法に関するさまざまな法律問題の基本について、Q＆A形式でわかりやすく解説した入門書です。

　スマートフォン、ブログやSNS、"YouTube"などの動画サイトの利用から生じる著作権などの侵害の問題から、保護される著作物の種類、著作権などの帰属や権利内容、著作物の利用許諾などの著作権法の知識の他、契約書の作成、JASRACなどの団体やCCライセンスのしくみまで、知っておきたい事項を網羅的にまとめています。

　著作権法に関しては、近年、著作権の保護期間が50年から70年に延長されたり、違法ダウンロードの対象が有償著作物全般に拡大したりするなど、著作物の利用に重大な影響を与える法改正が頻繁に行われています。本書では、著作権などの法律問題を考える上で知っておくべき最新の法改正にも対応しています。

　本書をご活用いただくことで、著作権法についての理解を深めていただき、問題解決のお役に立つことができれば、幸いです。

監修者　弁護士　森　公任

弁護士　森元　みのり

Contents

第2章　著作物の判断基準はどうなっているのか

第3章　著作権の効力と帰属

第4章　著作権ビジネスと契約の知識

第5章　プログラムやソフトウェアと著作権

第6章　著作隣接権をめぐる法律知識

第7章　著作権の制限と著作権侵害

第1章

著作権の全体像

著作権法は何を保護するための法律なのでしょうか。

文化的な創作活動の保護を目的としています。

　社会の活力ある発展のために、人による各種の知的創造活動を保護している一連の法律を知的財産法といいます。知的財産法の中でも、とくに産業の発達のために知的財産を保護しているのが、産業財産権（工業所有権）です。特許、実用新案、意匠、商標が保護の対象とされています。

　これに対して、同じ知的財産法の中でも、産業の発達ではなく、文化的な創作活動の発展のために、知的財産である著作権を保護の対象として制定されたのが著作権法です。さまざまな点で産業財産権と対比すると、著作権法の特徴をよく理解することができます。

　もっとも、近年、コンピュータプログラムの保護をめぐって、このような区分けは明確でなくなりつつあります。コンピュータプログラムは、技術的色彩が強く、むしろ産業分野での知的財産としての性質をもちますが、著作権法においても著作物として保護されることがあります。時代の変化に伴い、著作権法も変わってきているのです。

　そこで、著作権法の全体像について概観してみましょう。

① 　何を保護の対象としているのか

　知的財産法は、各法律でそれぞれ異なる知的財産を保護の対象としています。著作権法では、著作物が保護の対象となっています。著作物とは「思想または感情を創作的に表現したものであって、文芸、学術、美術または音楽の範囲に属するもの」です。

② 誰が保護の対象となっているのか

　著作権法では、著作物を創作した著作者や、著作物の伝達に重要な役割を果たした者などを保護の対象としています。

③ 権利の内容

　著作権は著作財産権と著作者人格権に分けられます。著作権法では、著作財産権を単に「著作権」と定義しています。著作財産権は一種の財産権ですが、著作者人格権はその名のとおり人格権であり、その性質が異なります。なお、著作権の他に、著作物の伝達に重要な役割を果たした者を保護する著作隣接権という権利もあります。

④ どの時点で権利が発生するのか

　著作権が発生するのは、著作物が創作された時です。産業財産権（特許権・実用新案権・意匠権・商標権）は登録によって権利が発生しますが、著作権はこの点が大きく異なります。このように登録などの方式を不要とすることを「無方式主義」といいます。

⑤ どの程度保護されるのか

　著作権法では著作物を保護していますが、過保護はかえって社会における文化の発展を阻害してしまいます。文化とは、それまでの時代の成果を受け継ぎながら発展していくものだからです。

　そのため、著作権が発生したといっても、無制限に保護しているわけではありません。保護期間の限定、著作権者などによる権利行使の制限などが著作権法に定められています。

⑥ 権利の活用と侵害

　著作権のうち著作財産権は、土地の所有権と同じように、対価を得て他人に譲渡することや、使用を許諾してライセンス料を受け取ることができます。これは著作権の経済的な活用方法です。

　また、著作財産権は著作物を排他的かつ独占的に利用できる権利なので、著作権者の許諾なく著作物を利用している者に対して、差止請求や損害賠償請求ができることになります。

著作権の歴史について教えてください。

最初は出版者の権利を守るところから始まりました。

　著作権という権利について、最初に検討が始まったのは、15世紀頃のヨーロッパだと言われています。それ以前にも小説や絵画といった著作物はもちろん存在していましたが、どちらかというと、それが書かれたもの（書物やキャンバスなど）が誰のものか、という所有権の問題があっただけでした。

　それが著作権の問題に移っていったのには、「印刷」という技術の発明が深く関与しています。印刷技術が発明されるまでは、たとえ著作物の複製を作ろうとしたとしても、手書きで書き写すしかないわけですから、それほど大量のものは作れません。いわば私的使用目的の範囲を出ない程度のものであり、著作者の権利を大きく侵害するほどのことはなかったわけです。

　しかし、印刷技術が発明されたことにより、当時の為政者から印刷を行う出版業者に対し、印刷術の占有という特権が与えられるとともに、海賊版の出版が禁止されました。つまり、印刷による複製という行為によって、出版業者の利益が侵害されることを防止することを目的としていたわけです。これが、著作権をあらわす英語Copyrightの語源にもなっています。

　その後、18世紀から20世紀にかけて著作者保護を目的とした法律がイギリス、フランス、ドイツ、アメリカなどで成立し、1886年（明治

19年）には著作権の国際的保護を目的として「文学的および美術的著作物の保護に関するベルヌ条約」が成立しました。

　一方、日本に印刷技術が普及し始めたのは江戸時代中期、17世紀末頃と言われています。最初はヨーロッパ諸国と同様、出版を業とする人々の権利を保護することに主目的を置いた対応が先行していたようです。

　著作者の権利を保護するという考え方が出て来たのは、幕末から明治初期の頃です。自身の著作物の海賊版が出回ったことで権利の侵害を受けた福沢諭吉が、英米の「コピーライト」の概念を積極的に紹介したのがきっかけとなりました。

　現在の著作権法の元となる旧著作権法が成立したのは1899年（明治32年）です。この法律では、著作権が著作行為によって発生することや、著作権の保護期間を著作者の死後30年までとすることなどが規定されていました。このことは、近代的な著作権の概念が日本に定着した一つのあらわれといえるでしょう。

■ 印刷技術の向上と著作権の侵害 …………………………………………

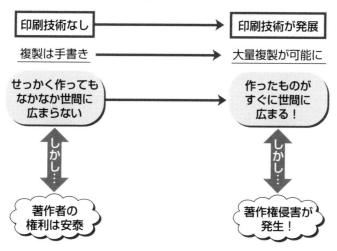

著作権の条約について教えてください。

条約に加盟していない国もあります。

物流のしくみの発達やインターネットの普及などにより、著作物をさまざまな形で、瞬く間に世界各国へと流通させることができるようになっています。これにより、著作権者の権利の侵害もより国際的な範囲で起こるようになっています。

著作権者の権利の侵害という状況が始まったとされるのは、著作権の概念が生まれてすぐのヨーロッパ諸国です。陸続きに国が接しているため、それほど流通網が発達していない時代であっても、著作物の国家間移動が比較的容易に行える環境だったといえるでしょう。このような状況に対応するために、1886年（明治19年）に成立したベルヌ条約をはじめ、いくつかの国際条約が制定されています。

著作権を保護することを目的とした国際条約には、次のようなものがあります。なお、条約は、それに加盟している国同士の間で効力を持つものであり、加盟していない国には効力が及びません。

① ベルヌ条約（文学的及び美術的著作物の保護に関するベルヌ条約）

ベルヌ条約では現在、内国民待遇（国籍が違っていても条約の加盟国の国民であれば、自国の法律に基づいて自国民と同等の待遇をすること）と無方式主義（著作権等の権利の享有および行使に際して何らかの手続きをすることを要しないこと）という形で著作権を保護するとしています。

現在、この内容に同意した160を超える国が加盟しており、日本も1899年（明治32年）に加盟しています。

② 万国著作権条約

世界の国々の中には、ベルヌ条約のような無方式主義ではなく、方式主義（著作権の保護を主張するのに登録や表示といった手続きを必要とすること）を採用している国もあります。このような国において、ベルヌ条約加盟国の著作権を保護することには難しい面があったことから、制定されたのが万国著作権条約です。この条約では、その著作物の最初の発行時から©マークの他、著作権者名、最初の発行年を記載しておくと、条約加盟国において、外国人が著作権保護のために必要な登録などの手続きをしなくても、その国の自国民と同じ程度の著作権保護を受けることができるとしています。

1952年に成立したこの条約には、日本は1956年に加盟しています。なお、①②双方の条約に加盟している場合、①のベルヌ条約の規定が優先されます。なお、「方式主義」を採用している国の中心であったアメリカが1989年にベルヌ条約に加盟したことにより、世界の大勢は無方式主義に動いています。

③ WIPO著作権条約（著作権に関する世界知的所有権機関条約）

それまでの条約だけでは保護しきれないコンピュータプログラムなどの著作権を保護するために1996年に成立した条約です。日本は2000年に加盟しています。WIPOとは、世界知的所有権機関のことです。

④ TPP11協定（環太平洋パートナーシップ協定）

日本では、従来、著作権（著作財産権）の保護期間は50年を原則としていました。しかし、TPP11協定が2018年（平成30年）12月30日に発効されたことに伴い、その前日において著作権が消滅していない著作物の保護期間が70年に延長されました。なお、すでに消滅している著作物の保護期間がさかのぼって延長されることはありません。

著作物とはどんな権利なのでしょうか。

すべての表現が著作物に該当するわけではありません。

　たとえば、著名な映画監督の作品をテレビドラマで台詞もそのまま使ったのではないか、海外の画家の作品をトレース（敷き写し）したのではないか、などという話題がニュースで取り上げられることがあります。インターネットの普及に伴い、ごく普通の個人でも、ホームページやブログ、SNSを開設することにより、さまざまな表現を全世界に発信することが可能となりました。

　ただ、そこでの表現に発表済みである他人の表現が使われていると、著作権侵害の問題が発生することがあります。こうなると、著作権侵害の問題は、いつ誰にでも発生する可能性があるということができます。著作権は著作物に対して与えられた権利です。その価値が認められているからこそ、権利として法的な保護が与えられるのです。

　著作権法では、著作物とは「思想または感情を創作的に表現したものであって、文芸、学術、美術または音楽の範囲に属するもの」と定義しています。ずいぶん長い定義なので、ここでは分解してわかりやすく説明していくことにします。

① 「思想または感情」であること

　「思想または感情」とは、人が考えたり感じたりすることによって得られるものです。したがって、プロ野球選手の毎シーズンの打撃成績の推移や○月○日の株価終値の一覧表などは、人が考え出したり、

感じることによって生み出されたわけではないので、「思想または感情」には該当せず、著作物とはなりません。

　また、プロ野球選手の打撃成績や株価終値というのは、表現に創作性が認められないのが通常ですから、創作性（下記③参照）がないという理由で著作物にはならないということもできます。

② 「表現したもの」であること

　「表現したもの」とは、創作した人が、外部に向かって表したものを意味します。いかに思想や感情であり、創作的であっても、その人が外部に表さなければ、著作物にはならないのです。アイデアのように内心に留めているだけでは著作物になりません。

③ 表現が「創作的」なものであること（創作性）

　「創作的」とは、その人の個性が外部に向かって表されたことを意味します。アイデアの独創性と表現の創作性は区別され、アイデア自体ではなく、表現されたものに個性のあることが必要です。

④ 「文芸、学術、美術または音楽の範囲に属するもの」であること

　ここに列挙されていない、単なる技術的なものや実用的なものは、著作物とはなりません。これらは、特許、実用新案、意匠（物品のデザインのこと）として保護されることはあります。

●二次的著作物とは

　完成された著作物に対し、別の創作性を加えたものを「二次的著作物」といい、元の著作物（原著作物）とは別に保護の対象とされています。海外の本を翻訳した場合や、音楽を編曲した場合がこれにあたります。原著作物の本質を変えない範囲で、なおかつ新しく創作性が加わっていることが必要です。二次的著作物も原著作物とは独立して著作権法で保護されます。

●著作権とは

　著作権とは、著作物に関して与えられた権利ですが、「広義の著作権」と「狭義の著作権」があります。これらについては、後述します。

著作権には複数の意味合いがあると聞きました。どのようなものがあるのでしょうか。

財産権的な側面と人格権的な側面を併せもっています。

　著作権法で定めている著作権は、複数の概念から成り立っています。まず、著作権には「広義の著作権」と「狭義の著作権」があります。広義の著作権は、狭義の著作権（著作財産権）と「著作者人格権」から成り立っています。つまり、「広義の著作権＝狭義の著作権＋著作者人格権」というわけです。

　では、狭義の著作権と著作者人格権とは、どのような違いがあるのでしょうか。狭義の著作権は、著作財産権といわれる権利で、財産権的な側面を有しており、著作物を排他的・独占的に利用できる権利とされています。そのため、狭義の著作権は、これを他人に譲渡したり、利用させてライセンス料を徴収することができます。これに対して、著作者人格権は、広義の著作権のうち、著作者自身の人格的利益を保護するという人格権的な側面を有しています。「人格的利益」は聞き慣れない言葉ですが、その人の個人としての固有の利益を意味します。著作者人格権は著作者固有の利益を保護しているため、狭義の著作権のように、他人への譲渡などはできません。また、著作者が死亡すると消滅し、著作者人格権の相続はできません。ただし、著作者の死亡後であっても、一定の範囲で著作者の人格的利益が保護されます。

●著作者人格権の具体的内容は何なのか

　狭義の著作権や一般の所有権などと違って、少しイメージを抱きに

くい著作者人格権ですが、著作権法の定めにより、その内容は「公表権」「氏名表示権」「同一性保持権」の３つから構成されます。以下、具体的に説明します。

① **公表権とは**

著作物は人の思想や感情により創作され、表現されたものですが、これをいつ公表する（公衆に提供・提示する）のかは、著作者自身の判断にゆだねられるべき問題です。このように、公表するかどうかを決定する権利を著作者に認めたのが、「公表権」なのです。

公表権は、著作物をいつ公表するかということだけではなく、どのような形で公表するのかということも含んでいます。

② **氏名表示権とは**

小説の著者はよくペンネームを使用します。また、画家が絵画を描くと、よくその下の部分にサインがあります。このように、著作物に著作者の氏名を表示するかどうか、表示するとしてどのように表示するのかということも、著作者の判断にゆだねられるべきであり、これも著作者人格権の内容となっています。この権利は「氏名表示権」と呼ばれています。

③ **同一性保持権とは**

よく芸術家や小説家は、自分の作品を自己の分身のようにたとえます。たしかに、著作物は、著作者が苦心の末に自らの創作活動から生み出したものであり、著作者の人格の分身だといっても過言ではないでしょう。

そのような著作物の性質に照らし、著作者は、著作物の同一性を保持する権利をもっています。これを「同一性保持権」といいます。

たとえば、漫画家の描いた漫画を、本人の承諾を得ずに出版社が勝手に編集し、コマをカットしたりして雑誌に掲載すると、この同一性保持権の侵害となります。

 人に預けていた未公開の原稿が無断で公開されてしまった場合、もはや公表権を主張することはできないのでしょうか。

 著作者の同意を得ないで公表された著作物については著作者が公表権を主張できます。

　著作物の作者である著作者には、財産的な側面を有する著作権とは別に、人格権的な側面を有する著作者人格権があります。原稿を公表するかどうかを決定する権利である公表権もこの著作者人格権に含まれます。公表権はその性質上、原則として一般に公表された著作物については主張することができません。

　しかし、本人に無断で公表されてしまった著作物について、すでに公表されてしまったから公表権を主張できない、ということになってしまうと、著作者の人格的利益を保護することができません。こうした事情から、公表された著作物については、原則として公表権を主張できないとしつつも、著作者の同意を得ないで公表されてしまった著作物については、依然として著作者は公表権を主張できるとされています。

　なお、未公表の著作物を預けたのではなく、著作権（著作財産権）を譲渡していた場合には、著作者が公表に同意したと推定されるため、これを譲り受けた著作権者は、原則として、いつでも公表することができます。著作者人格権は著作者が著作権者ではなくなっても著作者自身に残るのが原則ですが、公表権に限り、著作権を譲渡した段階で、公表に不同意であることを明確にしていた場合を除き、著作者は公表権を主張できなくなるのです。

タレントの本をゴーストライターが書き上げた場合、その本の著作権は誰に帰属するのでしょうか。

契約に定められた内容どおりになりますが、契約に定めがなければゴーストライターに帰属します。

　本の著作権（著作財産権）は、その本を執筆した時点で、その本を書いた人に帰属します。ただ、実際には、本を執筆する際に交わす契約によって著作権の帰属が変わります。とくにゴーストライターがタレント本人に代わって原稿を執筆する場合には、後々トラブルが起きることがないように、著作権の帰属をタレント本人（あるいはタレントの所属する事務所）もしくは出版社に帰属する（ゴーストラーターから著作権を譲り受ける）ようにしてある場合がほとんどです。

　具体的には、タレントの本をゴーストライターが書き上げても、タレント本人や出版社が著作権を有することが契約で決められていた場合は、契約に定められた内容どおりに、タレント本人や出版社に著作権が帰属します（ゴーストライターからタレント本人や出版社に著作権が移転します）。反対に、ゴーストライターが著作権を有することが契約で決められていた場合や、著作権が誰に帰属するかを契約で決めていなかった場合は、著作権がゴーストライターに帰属します。

　著作者人格権は著作者自身以外に帰属させることができないので、契約があろうとなかろうと、ゴーストライターに帰属します。なお、著作者人格権不行使特約が契約で決められている場合は、著作者が著作者人格権を行使できないとされています。

著作権のもつ財産権的な意味合いについて教えてください。

財産権的な権利の中心としては複製権があります。

　狭義の著作権は、著作権のうち財産権的な側面を有しており、著作物を排他的・独占的に利用することができる権利です。ただ、著作物はさまざまな表現で創作されるため、狭義の著作権はいろいろな権利の集合体になっています。したがって、その利用形態に応じたさまざまな権利が、著作権法で規定されています。

　たとえば、狭義の著作権のひとつである複製権とは、「著作物を複製して利用できる権利」です。とくに小説や漫画などは、出版して大量に頒布することによって利益が得られるものです。この場合、著作者が自分自身で出版することは少なく、ほとんどが出版社に複製権と譲渡権（28ページ）を与えて著作物の複製と販売をまかせ、そこから利益を得ています。それだけに、複製権は狭義の著作権において重要な要素となっているのです。

　複製というと、絵をコピー機でそっくりそのまま複写することをイメージしがちですが、ここでの複製とは、部分的複製や一部修正による複製も含んでいるので注意してください。他人の劇画の１コマを印刷して販売すると、複製権侵害の問題が生じます。同じように、音楽の一部を変えてCD化して販売しても、複製権侵害の問題が生じます。

●複製権以外の著作権の種類

　複製権以外には以下のような権利があります。

① 上演・演奏権

　演劇や音楽は、実際に舞台上で演技・演奏を見せたり聞かせたりすることで、著作物としての本領が発揮されます。そこで、演劇や音楽などを、公に（不特定もしくは多数の人を相手に）上演したり演奏したりする権利が著作権の内容として認められています。これを「上演権」「演奏権」といいます。

② 上映権

　上映権とは、収録されている著作物を再生し、スクリーンなどに映写することができる権利です。上映権については、伝統的に映画を劇場で公開する権利として扱われてきました。著名な映画の上映権は大変な価値があり、上映権は多額の対価で取引されています。ただ、最近では映画に限らず、著作物一般も上映権の対象とされています。

③ 公衆送信権等（公衆送信権・公の伝達権）

　有線・無線を問わず、著作物を公衆に向けて送信ができる権利を「公衆送信権」といます。典型例はテレビ放送やインターネット配信です。また、受信者からのアクセスがあり次第送信すること（自動公衆送信）や、自動公衆送信ができる状態に置くこと（送信可能化）も、公衆送信権の内容に含まれます。そして、公衆送信された著作物を受信装置を用いて公衆に向けて伝達ができる権利を「公の伝達権」といい、両者をあわせて「公衆送信権等」といいます。

④ 口述権

　俳優や声優が有名な小説などをホールで朗読し、聴衆に聞かせる企画がよく見られます。このように、公に著作物を口述して聞かせることができる権利を「口述権」といいます。これは、すでに口述されたものを収録して、それを公開する場合も含みます。

⑤ 展示権

　絵画や彫刻については、現物を展示し、直接、公に鑑賞してもらうことが、世に問う手段として最も適切です。著作物の原作品を公に展

示することができる権利を「展示権」といいます。展示権については、原作品の所有権が移転したときには、それに伴って著作権者が展示を許諾したものと推定されています。

⑥　頒布権

　頒布権とは、映画の著作物をその複製物により公衆に譲渡または貸与することができる権利です。もともとは映画製作者の映画館に対する配給を保護するために設けられましたが、現在では映画ソフトのレンタルに対して使用料を要求する主張の根拠となっています。

⑦　譲渡権・貸与権

　譲渡権とは、著作物の原作品や複製物を譲渡することにより、それを公衆に対して提供することができる権利です。貸与権とは、著作権者が著作物の複製物を公衆に貸与することができる権利です。

⑧　翻訳権など

　優れた著作物であればあるほど、別の表現に形を変えて、より広く世の中に紹介されるものです。そのため、著作権者には、翻訳権、編曲権、変形権、翻案権といった、著作物に新しい創作を加えて、より新しい著作物を創り出す権利も認められています。

・翻訳権

　ある言語で表されている小説などを別の言語に翻訳する権利です。

・編曲権

　音楽の原曲に対して創作を加えて、新たな曲を作り出す権利です。

・変形権

　既存の著作物の表現方式を変形させて、新しく表現する権利です。

・翻案権

　原作である小説があり、それを映画化する場合のように、原著作物の基本的構成を維持しつつ、表現を変更する権利です。

　なお、新しい著作物（二次的著作物）の利用権は、その著作者と原著作者の双方にあります。

著作権者の断りなしに、自分が所有する絵画の展覧会を行うことはできるのでしょうか。

展示場所が屋外でなければ、著作権者の断りなしに絵画の展覧会を行えます。

たとえば、乗馬クラブのオーナーから、「自分が収集した馬をテーマにした絵画30点による展覧会を、クラブハウス内で開きたいと考えている。しかし、作者の中には連絡の取れない人が何人かいるが、これらの人の断りなしに展覧会を開くことはできるだろうか」という相談を受けた場合、これは法的に問題ないと答えられるでしょうか。

たしかに、著作物を展示するには、その著作権者の許諾が必要とされています（展示権）。しかし、美術や写真の著作物については、その所有者であれば、著作権者の許諾を受けることなく展示する権利が認められます。所有者の所有権を尊重するための規定だといえるでしょう。したがって、本ケースの場合、絵画の所有者であるオーナー本人がクラブハウス内で絵画展を開く際に、著作権者（著作権の譲渡がない限り画家）の許諾を得る必要はないということになります。

ただし、公園やビルの外壁など、一般公衆の見やすい屋外の場所に恒常的に設置する場合は、著作権者の許諾が必要です。本ケースの展示場所は、屋外ではなくクラブハウス内ですから、この点は問題ないでしょう。

注意すべき点は、展覧会の案内状に展示作品を掲載することが自由に認められるわけではないことです。展示物の解説・紹介の目的を逸脱するような場合は、著作権者に無断で掲載することが著作権侵害（複製権の侵害）の問題を生じさせます（30ページ）。

Q10 Question 所有者は自分が持っている美術品を第三者が複製することを許諾できるのでしょうか。

自分が著作権者でない場合は第三者に対する複製の許諾はできません。

　一つの美術品について、所有権と著作権は別々に成立しています。美術品の所有権を有する者（所有権者）は、その美術品を売却したり他人に貸与することができます。

　一方、著作権者は著作物である美術品に関する著作権を有しています。著作権にも譲渡権や貸与権はありますが、所有権に基づく譲渡・貸与とは意味合いが異なります。著作権法上の譲渡権は、著作物の原作品や複製物を譲渡することによって公衆に提供できる権利です。著作権法上の貸与権は、著作物の複製物を公衆に貸与できる権利です。したがって、譲り受けた著作物を公衆に提供しない場合や、著作物の原作品を貸与する場合には、著作権法上の譲渡権・貸与権の侵害の問題が生じません。

　したがって、美術品の所有者がその美術品の著作権者でもある場合には、第三者に対してその美術品の複製を許諾することができます。しかし、所有者が著作権者でない場合には、複製を許諾する権利（複製権）を有しないため、複製の許諾はできません。

　なお、所有者などが美術や写真の著作物の展覧会を開催する場合に、著作権者の許諾を得なくても、観覧者のための解説や紹介用のカタログなどに、展示する著作物の掲載・上映・自動公衆送信ができるなどの例外もあります。

漫画喫茶が著作権者に対価を支払わずに漫画を閲覧させることは、著作権法では何の問題にもならないのでしょうか。

現時点では著作権法上の問題は生じませんが、法改正の動向に注意する必要はあります。

　現在、漫画喫茶は、漫画を店内で閲覧させるだけで貸本業ではないとされているので、著作権（貸与権）侵害はなく合法だといえますが、今後、法改正などにより、規制の対象となる可能性があります。

　問題となる貸与権とは、著作物の複製物を公衆に貸与することに対し許諾を与えることができる権利です。著作権者の許諾なしには著作物の複製物を公衆に貸すことはできません。著作物の貸与に関しては、それまで映画の著作物に頒布権（複製物を公衆向けに譲渡・貸与する権利）として認められていただけでした。しかし、貸しレコード問題をきっかけに、1984年に映画以外の著作物のすべてに貸与権が認められることになりました。

　ただ、古くからある貸本業者を救済するために、書籍・雑誌には当分の間適用しないという経過措置が設けられました。しかし、これも2005年には廃止され、貸本業者も書籍・雑誌を貸すためには、著作権者の許諾を得て貸与使用料を支払わなければならなくなりました。

　現時点では、漫画喫茶の場合は、漫画・コミックは単なる展示物として店内に置かれているという解釈がなされ、貸与権の対象から除外されているため、著作権法に抵触しないというわけです。さらに、著作権法上の展示権は、美術や写真の著作物の原作品に限られた権利であるため、複製物である漫画・コミックには展示権が及びません。

Question 12 Webサイトにリンクを貼る行為が著作権侵害になるのはどんな場合でしょうか。

Answer リンク先の著作権侵害を認識している場合や、外部のサイトへのリンクだと判別できないようにしている場合は、著作権侵害の可能性が生じます。

リンクには、Webサイト内の別のページに移動するために設けられているリンクと、外部のサイトに移動するために設けられているリンクがあります。前者のリンクについては、著作侵害の問題は生じません。また、自らの管理するサイトに他人が管理するサイトへのリンクを貼っても、その他人が管理するサイトの内容の複製や公衆送信をしているわけではないので、原則として著作権侵害の問題は生じません。裁判所によって、サイトへのリンクを貼る行為自体は、リンク先のサイトに掲載されているコンテンツの公衆送信にはあたらないと判断された例があります。なお、リンク先が著作権侵害をしていることを認識しながら、リンクを貼り続けることは、公衆送信権侵害の幇助になる可能性があります。

しかし、外部のサイトへのリンクだと判別できないようにリンクを設置している場合は別です。具体的には、自分が見ているサイト内へのリンクだと思って閲覧者がクリックしたところ、表示された内容は他人が管理しているサイトの内容であったような場合です。閲覧者が表示された内容もそのサイト内のコンテンツだと誤解している点が問題となります。この場合は、リンク先のサイトの著作権者の複製権や公衆送信権を侵害していると判断される可能性があります。

日本語に訳されていないアメリカの人気小説を日本語に訳し、これをブログに掲載した場合、著作権侵害となるのでしょうか。

保護期間を経過していない限り、著作権者に無断で行うと著作権侵害となります。

　日本もアメリカもベルヌ条約（18ページ）に加盟していますから、アメリカの小説は日本国内で公表された小説と同等の保護を受けます。したがって、そのアメリカの小説の著作権者は、日本の小説の著作権者と同じように著作権を有しています。

　アメリカの小説の著作権者の許可を得ないで、その小説を日本語に翻訳してブログに掲載した場合、著作権者が有している翻訳権と公衆送信権を侵害することになります。翻訳権とは、ある言語で表現されている著作物を別の言語に翻訳する権利です。たとえば、英語で書かれた小説を日本語に翻訳するには、翻訳権を有している著作権者の許諾を得る必要があります。一方、公衆送信権とは、有線・無線を問わず、著作物を公衆に向けて送信ができる権利です。たとえば、著作物をインターネット上に公開するには、公衆送信権を有している著作権者の許諾を得る必要があります。

　このように、著作権者に無断で翻訳をした小説をブログに掲載した場合には、著作権侵害（翻訳権と公衆送信権の侵害）となります。

　ただし、人気小説が昔のものであって、保護期間（19ページ）を経過している著作物であれば、著作権侵害にあたりません。なお、アメリカの著作物については、戦時加算（78ページ）があることに留意する必要があります。

Twitterで他人のツイートをそのまま自分のツイートとして掲載しました。何か著作権法上の問題が生じるのでしょうか。

画像が著作権法違反の場合は、著作者人格権侵害の問題が生じる可能性があります。

Twitterのように、140字以内という短い文字であっても、著作物にあたる可能性はありますので、他人のツイートをそのまま自身のツイートとして掲載することは、複製権や公衆送信権の侵害などにあたる可能性があります。もっとも、Twitterには「リツイート」機能がついており、他人のツイートを引用する形式で、自己のアカウントから送信することで、そのツイートを自身のフォロワーなど不特定多数の人と共有できます。リツイートの場合は、他人のツイートであることが明確ですので、他人のツイートの掲載であっても、著作権（著作財産権）の侵害にはあたらないと考えられます。

ただし、令和2年7月21日の最高裁判所の判決で、権利者に無断でアップロードした画像（著作権法違反の画像）を含むツイートをリツイートした事案で、著作権侵害は認定しなかったものの、著作者人格権のうち氏名表示権の侵害を認定しました。この事案では、リツイートすると画像がトリミングされるTwitterの仕様で、画像のうち氏名表示部分が切除された形で表示されるようになった点が氏名表示権の侵害と評価されました。画像が著作権法に違反するものでなければ、Twitterの利用規約上、投稿したコンテンツの改変などを許諾したとみなされ、リツイートについて著作者人格権侵害などの問題は生じませんが、画像つきのツイートをリツイートする際は注意を要します。

著名な芸術家が作ったオブジェを買ったので、自社の正門と玄関の間に展示するつもりですが、著作権者の許諾を得る必要はあるのでしょうか。

一般公衆に開放されておらず、かつ、一般公衆から見えない場所であれば、著作権者の許諾は不要です。

　芸術家が作ったオブジェは美術の著作物に該当しますから、原則として著作権者に無断で利用することはできません。ただ、美術の著作物の所有者は、著作権者の許諾を得なくても、所有権に基づいて著作物の原作品を公に展示できるのが原則です。また、屋外の場所に恒常的に設置されている美術の著作物の原作品は、著作権者の許諾を得なくても、自由に利用できるのが原則です。

　ただし、美術の著作物の所有者であっても、著作権者の許諾を得なければ、その原作品を公に展示できない場合があります。美術の著作物の所有者が、街路や公園など一般公衆に開放されている屋外の場所や、建造物の外壁など一般公衆の見やすい屋外の場所に、美術の著作物の原作品を恒常的に設置する場合です。

　したがって、自社の正門と玄関の間が、一般公衆からよく見える場所である場合や、一般公衆が自由に出入りできる場所である場合には、オブジェの展示に際して著作権者の許諾を得なければなりません。反対に、会社の建物が大きな塀などで囲まれており、一般の人が自由に出入りできる場所ではなく、実際に正門と玄関の間に置いたとしても会社の中からしか見えない場合には、オブジェの展示に際して著作権者の許諾を得る必要はないでしょう。

近所の子供のために「読み聞かせ」の読書会を行う予定ですが、著作権を侵害せずに行うにはどうすればよいでしょうか。

公開されている本を、非営利、無料、無報酬で読み聞かせを行う場合は、著作権者の許諾が不要です。

読み聞かせは、著作権法上の「口述」にあたります。口述とは、朗読などの方法によって言語の著作物を公に口頭で伝達することです。ただし、同じ口頭による伝達であっても、演劇的に演じ、舞い、演奏し、歌い、口演し、朗詠するなど、著作権法上の「実演」に該当するものは、口述には含まれません。したがって、口述に該当するのは、朗読、講演、授業など、非演劇的な方法による口頭での伝達だと考えてよいでしょう。

読み聞かせに用いる本の著作権者は、本を口述することを許諾する権利を持っています（口述権）。その一方で、口述はその場で行われる（ライブである）必要はなく、本の朗読を録音・録画したものを聞かせる行為なども、口述に含まれます。したがって、著作権者の許諾を得れば、著作権を侵害することなく読み聞かせの読書会を行うことができます。また、著作権の保護期間が経過している本を読書会の読み聞かせに利用する場合も、著作権を侵害することはありません。

●著作権者の許諾を得なくてもよい場合

営利を目的とせず（非営利）、公表された著作物を、聴衆から料金を受けないで（無料）口述する場合で、口述を行う者に対して報酬が支払われない（無報酬）ときは、著作権者の許諾を得ていなくても著

作権を侵害しません。このような例外が認められている趣旨は、非営利目的で行われる口述は、比較的小規模なものになることが予想され、著作権者の権利を侵害する程度が小さいため、一般に許容すべき範囲内だと考えられるためです。

　なお、営利目的とは、口述することで直接的に利益を得る場合だけでなく、口述によって店舗の売上げが上がることを期待して行われるような間接的に利益を得ることを目的にする場合も含まれます。したがって、読み聞かせは無料であっても、集客を図り、何らかの形で利益に結びつく可能性が否定できない限りにおいては、営利目的がないとは判断されないことに注意を要します。そして、公表されている本を用いて、営利目的とせず、無料で読み聞かせを行うとともに、読み聞かせを行う人に対して報酬を支払わない場合に、著作権者の許諾を得ていなくても著作権を侵害しないことになります。

●チャリティであっても著作権者の許諾が必要となる

　チャリティーの名目で本の読み聞かせを行う場合、読み聞かせを行う人は、主催者から支払われるお金を慈善団体などに対して寄付することが、あらかじめ想定されているのが一般的です。しかし、読み聞かせの対価が支払われている以上、読み聞かせを行う人が、取得した対価をどのような使途に用いるのかは問わず、報酬が支払われていると判断されます。したがって、チャリティであっても例外に該当しませんので、著作権者の許諾が必要となります。

●テレビ、ラジオ、インターネットは例外に該当しない

　テレビ、ラジオ、インターネットを用いる場合は、たとえ非営利、無料、無報酬の口述であっても、著作権者の許諾を得なくてもよい例外に該当せず、著作権の保護期間が経過していない限り、著作権者の許諾が必要です。オンライン朗読会を開催するときは注意が必要です。

ある著作物について、自分が著作権を持っていることを主張する方法はあるのでしょうか。

©マークを付けたり著作権登録制度を利用したりすると、著作権を持っていることの主張の助けになります。

　著作権は、著作物を創作した時点で、登録などもせずに、直ちに著作権を取得することが認められます。このように、著作権の取得について、登録などの特別な手続なしに著作権の取得を認める考え方を無方式主義といいます。無方式主義は、国際的な流れとも合致しており、著作権に関する国際的な取り決めであるベルヌ条約においては、加盟国は無方式主義を採用する義務を負います。

　ある著作物について、自分が著作権者であることは、著作権表示（©マーク）によって、表示することができます。昔のアメリカのように、著作権表示がない著作物については、自らが著作権者であることを主張できない国が存在します（方式主義）。日本や現在のアメリカでは、無方式主義がとられていますが、著作物の盗用などの場合に備えて、著作物に著作権表示（©マーク）を付けておくことで、その著作物の著作権を主張するという方法が考えられます。

　また、権利の取得などとは別に、文化庁の著作権登録制度を利用する方法もあります。登録制度を利用すると、たとえば、著作権の有無をめぐり争いが生じた場合であっても、第一発行年月日等の登録によって、自身が先にその著作物について発行・公表したことが推定され、先に著作権を取得していたことを主張する助けになります。

第2章

著作物の判断基準は
どうなっているのか

著作物にはどんな種類があるのでしょうか。

言語、音楽、建築など、著作物の種類は多岐にわたります。

著作権法では、著作権による保護が与えられる対象として、著作物を列挙しています。もっとも、著作権は、著作物の排他的独占権という強い権利なので、どの範囲のものにその権利を与えるかを明確にしておかなければなりません。そこで、著作権法では、保護の対象となる著作物について、9種類を例示的に列挙しています。以下では、その9種類の著作物について概観してみます。なお、以下の9種類に当てはまらなくても、「思想または感情を創作的に表現したものであって、文芸・学術・美術・音楽の範囲に属するもの」という著作物の定義に当てはまるものであれば、それは著作物に含まれます。

① 言語の著作物

思想または感情が、小説、脚本、論文、講演その他の言語によって表現されているものをいいます。著作物としては最も典型的なものです。ただし、記事の見出し、本のタイトル、広告コピー、キャッチフレーズなどの数単語程度の短い表現は、表現の選択の幅が狭いため、著作物であると認められないことが多いです。また、著作権法の定めによって、事実の伝達にすぎない雑報や時事の報道は、著作物に該当しないことが明示されています。

② 音楽の著作物

思想または感情が、旋律（メロディ）あるいは音によって表現され

ているものです。歌謡曲のように、旋律と歌詞が別の作者によって創
作されている場合は、旋律と歌詞がそれぞれ別の著作物となり、個別
に著作権が認められます。

③　舞踏の著作物

　思想または感情が、振付によって表現されているものです。振付そ
れ自体が舞踏の著作物となり、舞踏行為については、それを行った
者（実演者）の著作隣接権の対象となります。ミュージカルや歌手の
バックダンスなどは、振付師がその振付を創作しています。この場合、
BGMがなくても、振付についてはその創作の時点で振付師に著作権
が帰属しますので、振付師（著作権の譲渡があった場合はその譲受
人）の許諾を得ずに利用すると著作権侵害の問題を生じさせます。

④　美術の著作物

　思想または感情が、線・色彩・明暗によって、平面または立体的に
表現されているものです。絵画、彫刻、漫画などが美術の著作物にあ
たります。

⑤　建築の著作物

　思想または感情が、土地の工作物によって表現されているものです。
土地の工作物かどうかは、土地との密着性の程度などによって判断さ
れます。ただ、建築物の場合には、他の種類の著作物とは異なる問題
点もあります。建築物の場合には、最先端の技術を使用していること

■ 定義から見た著作物の種類 ……………………………………………

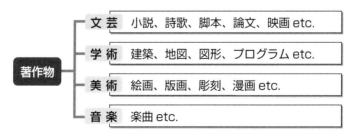

著作物	文 芸	小説、詩歌、脚本、論文、映画 etc.
	学 術	建築、地図、図形、プログラム etc.
	美 術	絵画、版画、彫刻、漫画 etc.
	音 楽	楽曲 etc.

が多いといえます。そうなると、別の知的財産権である特許権や実用新案権が含まれていることもあります。また、デザインが斬新であると、意匠権が発生しているケースもあります。

そのため、建築物には著作権と特許権、実用新案権、意匠権が並存している可能性があるのです。著作権者に無断で設計図から建築物を完成させると、著作権の侵害（複製権の侵害）だけではなく、これらの知的財産権の侵害の問題を生じさせます。

⑥ **地図または学術的な性質を有する図形の著作物**

思想または感情が、地図または学術的な性質を有する図形（図面・図表・模型など）によって表現されているものです。平面だけではなく、立体によって表現されていてもかまいません。立体による表現としては、地球儀、月球儀などが該当します。

なお、統計をグラフ化したものについては、客観的な事実を表現したものなので、通常は著作権が発生しません。もっとも、グラフに描かれたイラストや、グラフ自体をイラスト化している場合には、そのイラストに著作権が発生することがあります。

⑦ **映画の著作物**

思想または感情が、連続する映像によって表現されているものです。映像にはストーリー性が必要です。ストーリー性がなければ、ここにいう映画には該当しないとされています。

⑧ **写真の著作物**

思想または感情が、一定の映像によって表現されているものです。一般人の撮影した写真であっても、構図の選択などにおいて創作性が認められ、著作物として認められることがあります。

⑨ **プログラムの著作物**

思想または感情が、電子計算機を機能させるための指令の組み合わせによって表現されているものです。近年のコンピュータの普及に伴い、著作物として認められるようになりました。

自社のホームページに、競合他社が作成したグラフ（図表）をマネて載せると、著作権侵害になるのでしょうか。

グラフをマネること自体は著作権侵害となりませんが、イラストは別のものを利用することが必要です。

ホームページの制作会社に、健康器具メーカーの担当者から「自社のホームページを新しくしたいのだが、競合メーカーの会社案内に載っているグラフが、健康器具や紙幣などのイラストをうまく利用して工夫されている。たとえば、市場の売上規模の推移は健康器具の大きさで表し、マーケット・シェアはその健康器具を分割・色分けして表現し、売れ筋品の価格は紙幣で表すなど、非常にわかりやすいので、これを加工して自社のホームページに使いたい」との依頼があった場合、これは著作権侵害にあたらないのでしょうか。

学術的な性質を持つ図表・図形・模型などの図形は、著作物の概念に含まれています。ただし、ありふれた一般的なものは、創作的に表現されたものとまではいえないので、著作物性が認められていません。このケースでも、単純な棒グラフ・円グラフよりは工夫されているとはいえ、グラフをイラスト化して表現すること自体は、誰もが思いつくありふれたものとされるでしょう。

したがって、このケースの場合は、イラストそのものの複製権や公衆送信権の侵害を避けるために、新たに別のイラストを描き起こせば、著作権侵害の問題とはならないでしょう。

創作料理は著作物といえるのでしょうか。

創作料理は著作物にあたりませんが、そのレシピを文章化した本やブログは言語の著作物にあたります。

街には創作料理をうたうレストラン・居酒屋などが増えていて、その新しい味やミスマッチな取り合わせが、私達の舌を楽しませてくれています。では、その創作料理は著作物にあたるでしょうか。著作物であるためには、思想または感情を創作的に表現したものでなければなりません。そして、「表現したもの」というためには、創作した人が外部に向かって表すことが必要です。

創作料理の場合は、たしかに創作的だとはいえるとしても、思想または感情が外部に向かって表されたものとはいえず、アイデアにとどまっています。アイデアのように内心に留めているだけでは著作物にあたりません。また、創作料理のレシピ（調理法）をメモ書きした程度のものも、思想または感情が外部に向かって表されておらず、著作物とはいえません。たとえば、ある居酒屋チェーンが開発した新しいメニューを、違う居酒屋チェーンがそっくりマネしても、商道徳上はともかく、著作権法上は問題がないといえます。

ただし、レシピを文章化した本やブログは、言語の著作物にあたります。したがって、無断で書き写したりコピーすると、その本やブログの著作権者の著作権を侵害することになります。

4 **Q**uestion 有名歌手の直筆サイン入りのＴシャツをネットオークションで売ることは、著作権法上問題はないでしょうか。また、このサインをコピーしてＴシャツにプリントして販売する場合はどうでしょうか。

Answer サイン入りＴシャツそのものを売ることは、著作権の侵害にはあたりません。複製して販売するときは、許諾を受ける必要があります。

一般的にいって、サイン（署名）は、独創的で工夫がこらされたものであっても、思想・感情を創作的に表現しているものとまではいえないので、著作物ということはできません。例外的に、美術としての鑑賞性を有する場合は「書」としての著作物として認められる可能性があります。

ただ、たとえサインが著作物であっても、存命中の有名画家が描いた絵画をその所有者が自由に売ることができるように、この有名歌手本人がサインしたＴシャツそのものを売ることは、著作権の侵害にはなりません。

しかし、このＴシャツを無断で大量にプリントして売ろうとすると、サインが著作物であれば、当然著作権（複製権）侵害ということになります。また、サインに著作権がない場合であっても、有名歌手のサインはパブリシティ権（氏名・肖像・サインなどが有する顧客誘引力を排他的に利用する権利）を持つとされていますので、パブリシティ権の侵害ということになります。

いずれにしても、サイン入りＴシャツを複製して販売をしようとするときには、許諾を受ける必要があるといえます。

印刷用書体は著作物にあたるのでしょうか。たとえば、活字の書体（タイプフェイス）は著作物でしょうか。

 顕著な特徴を有するといった独創性と美術鑑賞の対象となり得る美的特性がない限り、著作物にはあたりません。

　活版印刷、写真植字、レーザープリンターなどのために創作された文字の書体のセットのことをタイプフェイス（印刷用書体）といいます。タイプフェイスに著作権はあるのでしょうか。

　基本的に、タイプフェイスは著作物にあたらず、著作権は認められていません。もしタイプフェイスに著作権があるとすると、世の中の小説・詩歌・随筆・論文・ノンフィクション作品などの著作物の出版が大きな制約を受け、著作物の公正な利用が妨げられることになり、そもそも文化の発展に寄与するために制定された著作権法の目的に反することになってしまいます。また、著作権は無方式主義であるため、多数のタイプフェイスに著作権を認めることになると、権利関係が複雑になります。そのため、タイプフェイスは著作物とされていないのです。

　最高裁判所の判例は、タイプフェイスが著作物であると認められるには、「顕著な特徴を有するといった独創性」と「美術鑑賞の対象となり得る美的特性」を備えていなければならないと判断しており、現在までこれらの要件に該当するとして著作物として認められたタイプフェイスは存在しません。

　ただし、他人の制作したタイプフェイスをそのままマネする場合（デッドコピー）は、不正競争防止法上の問題になることがあります。

46

学問上の定義・法則を使用するときは、許諾を受ける必要があるのでしょうか。

学問上の定義・法則それ自体は著作物にあたらず、使用に際して許諾を受ける必要はありません。

定義とは、ある概念の内容を他の概念と区別することができるように明確に限定することです。法則とは、一定の条件の下では必ず成り立つ事物の相互の関係のことです。したがって、定義も法則も、著作物の要件である創作性とは、まったく反対といってもいい客観性の上に成り立つものです。

また、ある定義・法則に著作物性を認めて、排他的・独占的な使用を許すことになれば、自然科学・社会科学などの学問の発展を妨げることになり、学術・文化の発展に寄与（貢献）するために制定された著作権法の趣旨に反することになってしまいます。

以上からも明らかなように、学問上の定義・法則はそもそも著作物とはいえません。したがって、学問上の定義・法則を、ビジネスにおける企画やプレゼンテーションに盛り込むこと、消費者への広告宣伝活動の中で利用することなどは、著作物の使用にはあたりませんから、その定義や法則の提唱者はもとより、誰の許諾を受ける必要もありません。

ただし、学問上の定義・法則について説明している本やウェブサイトなどは、著作物にあたります。したがって、これを無断で複製や公衆送信を行うと著作権侵害の問題が生じます。

作家からもらった手紙（メール）を、自分のブログに無断で公開することは著作権の侵害になるのでしょうか。

手紙（メール）は著作物にあたるため、無断で公開することは著作権侵害となります。

　不特定または多数に発表されることを目的とした小説・論文だけが著作物であるわけではありません。小学生が、学校の宿題で先生に読んで採点してもらうだけのために書いた作文も、本人の思想・感情が創作的に表現されているのであれば、立派な著作物だといえます。つまり、不特定または多数に公開されるということが、著作物の要件とはなってはいません。

　たとえば、同人誌に掲載された小説を絶賛する手紙（メール）をその作者に送って、それに対して返信された手紙は、その作者自身の思想・感情を創作的に表現したものであって、著作物にあたることはいうまでもありません。

　このように、特定の人物に送られた私信であっても著作物にあたるわけですから、その手紙を自分のブログで公開するためには、作家本人の承諾を受けなければなりません。

　この場合、無断で公表することは著作権（複製権・公衆送信権）侵害となりますし、また手紙の内容によっては、私生活上の秘密と名誉を第三者から侵されない権利であるプライバシー権の侵害になる可能性が高いと考えられます。

市販の地図をコピーして招待状の道案内用に利用しましたが、著作権侵害となるのでしょうか。また、Web地図の場合には、何か異なりますか。

地図は著作物にあたるので、無断利用は著作権の侵害にあたりますが、許諾を得なくても利用できるWeb地図が存在します。

　著作権法は、地図および学術的な性質を有する図形（図画、図表、模型など）が著作物にあたることを明文で規定しています。地図は、どの地域を、どの縮尺で、どのような色を使用して、あるいは何を記載して何を省くかなど、作者の個性が外部に表れており、創作性がないとはいえないためです。一般的には、市販の地図をコピーすることは著作物の複製にあたり、著作権者の許諾を得なければ、原則として著作権侵害にあたります。ただし、私的な会の招待状の道案内用にコピーしたのであれば、私的使用を目的とする複製に該当し、著作権侵害とはならないでしょう。

　これは、紙面の地図に限らず、Webサイト上の地図（Web地図）であっても異なりません。Web地図も著作物に該当するため、著作権者の許可を得ない限り、無許諾でコピーして配布することは著作権侵害の問題を生じさせます。ただし、Web地図の提供者が無許諾による利用を認めている場合があります。たとえば、Google社が提供するGoogleマップの利用については、「Googleマップと Google Earthの権利帰属表示に関するガイドライン」に基づき、Google社に権利が帰属することなどを表示することを条件に、利用者は、Google社の許諾を得なくてもGoogleマップの複製などが認められます。

素人がデジカメ・スマートフォンで
撮ったスナップ写真、プリクラの写真、
証明写真、カタログの写真は、いずれ
も著作物に含まれるのでしょうか。

 スナップ写真やカタログの写真は著作物に
あたる場合があるのに対し、プリクラの写
真や証明写真は著作物にあたらないのが原則です。

　原則として、思想・感情が創作的に表現されている写真であれば、
素人が撮った写真でもプロが撮った写真でも、写真の著作物として認
められます。また、スマートフォンに搭載されているカメラやデジカ
メによって撮影された写真であっても、思想・感情が創作的に表現さ
れている限り、写真の著作物に含まれます。

　したがって、スナップ写真は、日常の出来事や光景、人物、風景な
どを一瞬のうちに素早く撮影したものであって、撮影者がシャッター
チャンスや構図などに工夫を凝らしたものであれば、写真の著作物と
して著作権法上の保護を受けます。カタログの写真は、一見すると商
品を並べているだけに思えますが、撮影者が構図などに工夫を凝らし
て撮ったものであれば、同じく写真の著作物にあたります。

　これに対し、プリクラの写真や証明写真は、機械的に撮影されるも
のです。証明写真は機械ではなく人が撮影することもありますが、写
真の性質上、撮影者の工夫の入る余地が少ないと考えられます。した
がって、プリクラの写真や証明写真については、原則として写真の著
作物にはあたらないとされています。

顔文字やアスキーアートなども著作物といえるのでしょうか。

創作性が認められるものであれば、著作物にあたると判断されます。

　著作物とは、思想または感情が創作的に表現されたもので、文芸・学術・美術・音楽の範囲に属するものであると定義されています。したがって、顔文字やアスキーアートがこの定義に該当する場合には、著作物といえることになります。

　アスキーアートは、文字・記号・数字などを組み合わせて作成した絵で、コンピューター上に表現されるものです。顔文字もアスキーアートの一種ということができ、使用者の感情などを表現するために使われます。顔文字というと、一般的には1行で表現することができる簡単なものを思い浮かべますが、数行にわたって表現される複雑な顔文字も存在します。

　思想または感情を外部に表している点で、顔文字もアスキーアートも著作物に該当する可能性があります。ただ、創作性があるといえるかどうかは、その種類によって異なると考えられます。顔文字については、誰もが思いつくようなありきたりのものが大半を占めますが、アスキーアートの中には、非常に複雑で、一般の人が思いつかないものや作成できないものもあります。したがって、顔文字は著作物にあたらないとされることが多いですが、アスキーアートの中には、創作性が認められ、著作物にあたると判断されるものもあるでしょう。

工夫を凝らして作った人形は著作物にあたるのでしょうか。仮に著作物に該当しない場合、模倣されるのを防ぐにはどうすればよいのでしょうか。

美術鑑賞の対象となる審美性を備えるものに限り著作物と認められます。模倣防止には意匠法による登録を視野に入れます。

　人形が著作物にあたるかどうかは、著作権法が例示している著作物のうち「その他の美術の著作物」にあたるかどうかによって決まります。著作権法はこれ以上詳しく定めていないため、人形が著作物にあたるかどうか判断するのは難しいといえるでしょう。

　一口に人形と言っても、国宝級の人形もあれば、子どものおもちゃ用に大量生産される人形もあります。大量生産の人形の中にも芸術性の高いものがないとはいえません。こうした事情から、実際の裁判においても、個々の人形によって、著作物にあたるか否かがの判断が分かれているようです。

　ただ、一般的な判断基準は、大量生産品であっても、純粋な美術品と同程度のもので、全体として美術鑑賞の対象となるような審美性を備えているものが、美術の著作物と認められるというものです。そのため、大量生産される人形が、美術の著作物と認められるケースは非常に少ないといえます。

　なお、人形が保護の対象となり得る法制度として、デザインや意匠を保護の対象とする意匠法があります。とくに模倣を防ぎたい場合には、意匠法も視野に入れておくとよいでしょう。意匠法による保護を受けるには、特許庁に登録申請をする必要があります。

 **12** **Q**uestion 大量生産の製品の図柄をマネする行為は著作権侵害になるのでしょうか。

 **A**nswer 図柄が美術の著作物と認められるものであれば、マネをする行為が著作権侵害となります。

　絵画や彫刻などの美術品は、著作権法の保護を受ける美術の著作物です。また、一点ものの美術工芸品（日本にとって歴史上、芸術上、学術上価値の高い建造物以外の有形の文化的所産）も美術の著作物として著作権法の保護を受けます。

　しかし、美的装飾が施された大量生産の製品の図柄が著作物にあたるかどうかについては、著作権法上、何も規定されていません。したがって、大量生産の製品の図柄をマネする行為が著作権侵害になるかどうかは、大量生産の製品の図柄が著作物にあたるかどうかにかかってきます。

　この点について、その大量生産された製品の図柄や美的装飾が、ありきたりのものでとくに芸術性の高いものでもない場合には、一般的に美術の著作物とは認められないといえるでしょう。一方、大量生産の製品の図柄であっても、それが純粋な美術品と同程度の芸術性を有している（美術鑑賞の対象となるような審美性を備えている）場合には、一般的に美術の著作物と認められるでしょう。

　したがって、大量生産の製品の図柄をマネする行為は、それが美術の著作物と認められない場合には、著作権侵害とはなりませんが、美術の著作物と認められる場合には、著作権者の許諾を得ずにマネすると著作権侵害にあたります。

絵画展で来観者に、豪華なカタログを配ることは、著作権を侵害することにはならないのでしょうか。

解説・紹介を目的とした小冊子と認められず、著作権侵害となる可能性が高いです。

　IT企業から、「創業20周年を記念して、高名な画家の展覧会を主催することになり、招待客に記念品として、全作品をアート紙にカラー印刷したカタログを配ることを企画している。創業者の社長からは、法的には展覧会で解説のためのカタログならば画家に無断で作れるはずだから、細かい注文がついて面倒なことになる画家本人への話はするな、と言われたが、大丈夫だろうか」との相談があった場合、そのカタログ制作は著作権を侵害しないといえるのでしょうか。

　たしかに、著作権法47条には、展覧会の観覧者のために、展示される美術または写真の著作物の解説・紹介を目的とした小冊子を作ることができると規定されています。しかし、全作品をカラー印刷したカタログは、この場合の小冊子にあたるのかどうかが問題となります。

　ここでいう小冊子とは、あくまでも展示される美術または写真の著作物の解説・紹介を目的としたものであって、それ自体が鑑賞の対象となるものは想定していません。裁判所によって、市販されている画集と同レベルのもの（鑑賞用の画集・写真集と同視できるもの）は、この場合の小冊子とは認められず、著作権者に無断で作成することが著作権侵害とされた例があります。そうでないと、画家が出版を認めた画集が売れなくなるなど、著作権者の利益が不当に害されることになるからです。

企業の広告用のポスターが綺麗だったので、パソコンでこれをマネた絵を作成してホームページに載せましたが、著作権侵害にあたるのでしょうか。

芸術性の高いものは著作物と認められる場合があり、この場合は無断掲載が著作権侵害となります。

　著作権法上、美術の著作物とされているのは、「絵画、版画、彫刻その他の美術の著作物」です。著作権法が著作物として保護しているのは基本的には純粋美術（おもに鑑賞を目的とする美的創作物）ですが、応用美術（実用・産業上の利用を目的とする美的創作物）の一種である美術工芸品も著作物に含まれます。しかし、美術工芸品にあたらない応用美術は、原則として著作物にあたりません。したがって、商業広告が応用美術であって美術工芸品ではないと判断できる場合は、著作物にあたらないことになります。

　しかし、裁判所によって、そのような広告であっても美術の著作物であると判断された例があります。具体的には、全体として一つにまとまっている創作物で、純粋な美術品と同程度の審美性を備えており、美術的鑑賞に耐えうるものを、美術の著作物であると認めています。

　以上のように、商業広告であっても、審美性を備えたものの中には美術の著作物と認められるものがあるので、商業広告であるという理由だけで、著作権侵害の問題をクリアできるわけではありません。商用のポスターであっても、芸術性の高いと思われるものについては、著作権者が存在するものとして扱うようにして、利用する場合にはそのポスターの著作権者の許諾を得るようにしたほうがよいでしょう。

公園に恒常的に設置されている美術品を著作権者の許諾を得ずに利用できるのはどのような場合でしょうか。

本文中の４つのいずれにもあたらない方法で、原作品を利用する場合です。

　著作物は著作権者の許諾を得なければ利用できないのが原則です。しかし、屋外に設置されている美術の著作物は、著作権者の許諾を得なくてもよいとする例外が、著作権法で定められています。これによると、一般公衆に開放されているか、一般公衆の見やすい屋外の場所（公園や街路など）に恒常的に設置されている美術の著作物の原作品（複製物は除外されます）については、自由に利用ができます。

　ただ、どのような利用であっても著作権者の許諾が不要である、というわけではありません。以下の３つのいずれかにあたる場合には、原則として著作権者の許諾を得る必要があります。

・屋外に設置されている彫刻を増製（彫刻として複製すること）したり、増製したものを譲渡して公衆に提供する場合
・屋外に設置されている美術の著作物を、屋外の場所に恒常的に設置するために複製する場合
・おもに美術の著作物の複製物を販売することを目的として複製したり、その複製物を販売した場合

　したがって、公園に恒常的に設置されている美術品の原作品を写真に撮ることや、撮影した写真をブログに掲載することは、自由に行うことができます。しかし、撮影した写真それ自体の販売を目的として撮影したり、実際に販売することは、著作権者の許諾が必要です。

キャッチフレーズやスローガンは著作物といえるのでしょうか。

創作性のある内容であるかどうかによって判断は分かれます。

　たとえば、他社がＣＭやポスター、名刺などで使用しているキャッチフレーズが自社にも共通しているからといってそのまま流用した場合や、同じような活動をしている劇団のスローガンを一部変更して使用した場合、そのキャッチフレーズやスローガンの著作権を侵害したことになるかどうかという問題が生じます。

　使用したキャッチフレーズやスローガンが著作物として扱われる場合、著作権者に無断で使用すると、著作権侵害を理由に差止めや損害賠償請求を申し立てられる可能性があります。また、すでに社会的に認知されているキャッチフレーズやスローガンを使用することは、会社や団体として世間によい印象を与えるとはいえませんので、慎重にするほうがよいでしょう。

●キャッチフレーズは著作物にあたるか

　キャッチフレーズとは、その会社や商品などのイメージを短い言葉で表現したものです。

　キャッチフレーズは、原則として著作物にあたらないと考えられます。たとえば、「元気な企業」「輝く太陽」などのキャッチフレーズは、ありふれた単語を並べているだけなので、著作物とはいえないでしょう。

　しかし、キャッチフレーズなら著作物と判断されることが一切ないとはいえず、キャッチフレーズに創作性、つまり作者の個性が認めら

れれば、著作権法にいう「思想又は感情を創作的に表現したもの」に該当し、著作物として扱われる可能性があるといえるでしょう。

●スローガンは著作物にあたるか

　スローガンとは、企業や団体などが行っている事業・活動・運動といったことの目的や理念を、簡潔な言葉を使って表現しようとするものです。たとえば、環境保全運動のスローガンとして使用される「ストップ・ザ・温暖化」や、交通安全運動の標語などといったものが該当します。

　スローガンは、平易な言葉で目的や理念を伝えようとすることから、誰もが考えつくありふれた表現と判断され、著作物として扱われないこともあります。しかし、たとえ短文であっても創作性があると認められれば、著作物として扱われます。裁判においては、「ボク安心　ママの膝より　チャイルドシート」というスローガンを著作物として認めた例があります。

■ キャッチフレーズ・スローガンの著作物性 ……………………

キャッチフレーズ	スローガン
会社や商品などのイメージを短い言葉で表現したもの	企業や団体などが行っている事業・活動・運動の目的や理念を簡潔な言葉を使って表現したもの
著作物性 原則＝著作物にあたらない 理由＝ありふれた単語を並べているだけだから	**著作物性** 原則＝著作物にあたらない 理由＝誰もが考えつくありふれた表現と判断されることが多いから
著作物と認められる場合 作者の個性（創作性）が発揮されている	**著作物と認められる場合** 作者の個性（創作性）が発揮されている場合

新聞記事や見出しは著作物にあたるのでしょうか。書籍のタイトルなどは著作物といえるのでしょうか。

著作物として扱われることが多いので、無断転載は避けるほうがよいでしょう。

　たとえば、新聞や雑誌、他のニュースサイトなどで見て気になった記事や見出しについて、TwitterなどのSNS上で元の記事や見出しを転載することもあるでしょう。その記事や見出しが著作物にあたると判断される場合、無断で転載すると著作権侵害となります。

●新聞などの記事は著作物にあたるのか

　新聞記事については、著作物と認められる場合と認められない場合があります。まず、通常の記事の場合、「○○県○○市で発生した交通事故で男性2人が重軽傷を負った」など、単に事実を伝達するためのものであれば著作物とはいえませんので、転載しても著作権法上の問題はありません。

　ただし、事実を記載しつつその記者の見解を加えていたり、表現の仕方に独自の工夫を凝らしていたりする場合は、著作物として扱われますので注意が必要です。なお、新聞などに掲載されている「社説」については、起こった事実をテーマにしながら、その人の思いや考えといったことを伝えようとしているわけですから、著作物として扱われると見て差し支えありません。

●記事の見出しは著作物にあたるのか

　一方、記事の見出しの場合、起こった事実を簡潔な言葉で伝えることを目的としているわけですから、著作物にはあたらないとされるこ

とも多いようです。

　ただ、「著作物かどうか」という判断と、文章が長いか短いかということは関係ありません。たとえ短い言葉であっても、作成者の独自の工夫が認められたり、他の人では思いつかないような表現方法が用いられたりしていれば、創作性がある（作者の個性が発揮されている）と認められ、著作物にあたると判断される可能性があります。その意味では、見出しの中でも著作物として扱われるものがあるかもしれませんので、無断で転載することは控えたほうが無難でしょう。

●書籍（本）の題名

　これは通常著作物とは認められていません。著作物と認められない以上、こうした題名については著作権法上の保護を受けることは難しいといえます。

　しかし、書籍自体は著作物であり、その書籍の著作者には著作人格権のひとつである同一性保持権という権利が認められています。同一性保持権は、著作物の同一性を保持する権利であり、書籍の題名はその書籍の中身と一体をなすものですから、たとえ書籍の著作権者であっても、著作者に無断で書籍の題名を変更して利用した場合には、この同一性保持権の侵害にあたります。

■ 新聞の記事や見出しも著作物にあたることがある……………

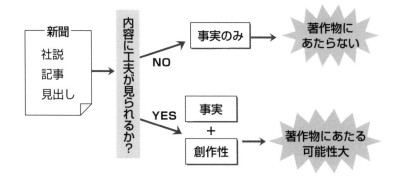

テレビの番組名、ネーミングや芸名などは著作物といえるのでしょうか。

著作物とはいえませんが、商標法や不正競争防止法などで保護される場合があります。

　テレビ番組の番組名ですが、これは通常著作物とは認められていません。著作物と認められない以上、こうした題名については著作権法上の保護を受けることは難しいといえます。

　ネーミングや芸名についてですが、これらも通常は著作物とは認められません。ネーミングや芸名については、どちらかというと著作権法による保護ではなく、商標法や不正競争防止法などの他の法律によって保護される可能性のほうが高いといえます。

　商標権とは、商標を独占的に使用できる権利で、登録された商標を登録商標といいます。商標とは、商品を購入したりサービスの提供を受けたりする人が、商品やサービスの出所を認識できるようにするために使用される文字・図形・記号・音などです。ネーミングや芸名を商標として登録すると、商標法上の保護を受けることができます。

　また、不正競争防止法により、周知で著名な商品等表示を模倣すると不正競争行為として罰せられます。商品等表示とは、氏名、商号、商標、標章、商品の容器や包装、営業表示などをいいます。業務に関するネーミングや芸名は商品等表示に含まれますから、不正競争防止法上の保護を受けます。

　このように、著作物と認められない場合でも、著作権法以外の法律によって保護される場合もあります。

Question 19
新聞記事や雑誌の記事を広報誌に掲載する行為は、著作権法上、何らかの問題がありますか。

事実を伝える雑報や時事の報道でない限り著作物にあたるため、無断掲載は著作権侵害の問題が生じます。

　著作権法は、単なる事実を伝えるにすぎない雑報や時事の報道については、著作物にはあたらないという立場をとっています。著作権法が保護の対象から除いている、単なる事実を伝えるにすぎない雑報や時事の報道とは、「××月××日に交通事故が発生した」「××月××日に○○が亡くなった」というような、極めて簡潔な記事などを著作物とは認めないという趣旨です。

　したがって、記者ごとに異なる取材方法、記事における物事の取り上げ方などについて、アイデアを用いて表現された新聞記事や雑誌の内容は著作物にあたります。そのため、広報誌において上記のような簡潔な内容ではない新聞記事や雑誌の内容を転載する際に、著作権者の許諾を得なければ、著作権侵害にあたります。なお、新聞記事や雑誌の記事に関しては、執筆した記者本人ではなく、新聞社や出版社が著作権を持つという取り決めになっていることが多いため、記事の内容を転載する場合、実際には新聞社や出版社からの許諾が必要になります。

　ただし、著作権法では、一般に周知させる目的で国などが作成・公表した資料などを刊行物に転載する場合には、許諾を得る必要はないと規定しています。また、著作権法が規定する要件を充たす形で引用するときなど、例外的に著作権侵害にあたらないことがあります。

語呂合わせは著作物といえるのでしょうか。

創作的な表現であるときは、著作物と認められる場合があります。

　歴史的事件のあった年や古文の単語の意味など、とくに大学入試や資格試験の対策として何かを覚えなければならない場合に、語句を組み合わせて何らかの意味を持たせる語呂合わせを用いることがあります。

　通常、語呂合わせを作る場合には、覚えやすそうで意味の通る語句の組み合わせを考えますから、作成の過程で創意工夫がなされているといえます。しかし、創意工夫がなされているという理由だけでは、著作物に該当すると判断することはできません。

　著作物とは、思想または感情を創作的に表現したもので、文芸・学術・美術・音楽の範囲に属するもの、と定義されているからです。つまり、語呂合わせがこの定義に該当する場合には著作物といえますが、該当しない場合には著作物とはいえない、ということになります。語呂合わせに関しては、とくに作者の個性が現れており、創作的な表現であるかどうかが問題となります。

　この定義から考えると、通常、語呂合わせは覚えやすさを重視する観点から、表現が平凡かつありふれたものであるため、創作的な表現といえず、著作物性が認められないことが多いようです。しかし、裁判所によって著作物性が認められた語呂合わせの例が存在します。したがって、実際に紛争となった場合、著作物に該当するかどうかの判断は、個々の語呂合わせによって異なる、ということになります。

 オフィスビルも著作物といえるのでしょうか。

 すべての建築物が著作物になるわけではありません。

　著作物というと、小説、音楽、歌詞、絵画、彫刻といったものを想像しますが、ビルや住居といった建築物も著作物にあたる場合があります。著作権法も「建築の著作物」を著作物にあたるものの一例として示しています。建築物は、建築士が図面を引き、一つひとつ違う外観を持っているわけですから、著作物にあたる場合があるのも当然といえるかもしれません。しかし、すべての建築物が著作物にあたるかというと、そうではありません。一般的なオフィスビルやマンション、戸建て住宅といったものは、そのほとんどが著作物から除外されます。

●どんな建築物が著作物になるのか

　裁判においては、建築物の外観を中心に検討し、建築家や設計者の独自の思想や感情といった文化的精神性を感得させるような芸術性、美術性が認められる場合（建築芸術といえるような創作性がある場合）に、著作物として扱うとする傾向があります。

　たとえば、大阪市の舞洲という人工島にあるゴミ処理施設は、実際にゴミ処分場として機能していますが、外観はウィーンの芸術家フンデルトヴァッサー氏によりデザインされたもので、そのデザインには彼の人間と自然との調和に対する思いが込められているといいます。その意味では、建築芸術といえるような創作性があり、著作物として扱われる可能性が高いでしょう。

一方、たとえ壁面に特殊な建材を使ったり、屋根を特別な形状にしたりするなどして、他の建築物とは違う独自の美しさを演出していたとしても、建築芸術といえるような創作性がなければ、著作物にはあたらないとされるでしょう。

● 著作物に該当しても著作者の同意が必要ない場合もある

通常、著作権法で守られている著作物を、著作者の意に反して改変することは許されません。著作者人格権のひとつである同一性保持権が著作者に与えられているからです。

しかし、建築物が著作物にあたるとしても、劣化するとオフィスや住居などの目的で使用している人や、近隣の居住者などに損害を与える可能性があるため、著作者の許諾を得ずに、建築物の修繕や改築などの工事を行うことが認められています。

しかし、そのような実用上の理由ではなく、「この窓の部分の形状が丸いのが気に入らないから四角に変えたい」などの理由から、無断で著作者の意図に反する改変を行うと著作者人格権の侵害となりますので注意しましょう。

● 著作物にあたる建築物を写真に撮ってブログに掲載した場合は著作権侵害となるか

建築の著作物は、一定の場合を除いて、自由に利用することができます。「一定の場合」とは、建築の著作物を建築によって複製したり、その複製物を譲渡する場合を指します。したがって、建築の著作物と同じものを建築する場合は、著作権者の許諾が必要です。しかし、建築物の写真を撮ったり、その写真をブログに掲載することは、著作権侵害とはなりません。

22 Question 当社が見込客の住宅用に設計した設計図をもとに、他社が設計図を完成させ、顧客と契約を結びましたが著作権侵害にならないのでしょうか。

Answer 設計図が作成者の個性の発揮されたものでない限り、著作物とは認められず、著作権侵害の問題は生じません。

設計図も図面ですから、著作物として認められる余地はあります。ただ、著作権法では「学術的な性質を有する図面」とあります。したがって、すべての図面に著作物性が認められるわけではありません。

たとえば、一流建築家が設計した建築物の設計図など、作図上の表現方法やその具体的な表現内容に作成者の個性が発揮されており、創作性が認められる設計図は、著作物と認められる可能性は高いといえます。

これに対し、一般的な住宅用の設計図は、注文者の意向に沿うように設計せざるを得ない状況にあるなど、作図上の表現方法やその具体的な表現内容に関して作成者の個性が発揮される余地が少ないため、創作性が認められず、著作物にあたらないとされるケースがほとんどです。

したがって、一般的には住宅用の設計図は著作物とは認められないため、他社が自社の設計図をもとに新たな設計図を完成させても著作権侵害となる可能性は低いでしょう。

データベースは著作物にあたるのでしょうか。

データの選び方や並べ方によっては著作物になります。

　①氏名、②住所、③電話番号、④メールアドレス、⑤生年月日、⑥趣味などのような情報を集積し、コンピュータで検索しやすいように配列するなどの処理をしたものをデータベースといいます。

　ただ、①から⑥の情報を①氏名の50音順で並べる方法は、一般的で誰もが思いつく方法ですから、著作物とはなりません。データを集めた人が損害を受けた場合には、民法上の責任を追及することになります。具体的には、不法行為を理由として損害賠償を請求することになるでしょう。一方、自社の商品に関心を示してくれそうな人を検索するために、⑤生年月日や⑥趣味を使って並べた場合、「この商品はこの年代の人」「この商品はこういう趣味を持っている人」というように、作成者の独自の工夫や考えが反映されて目的別に探しやすいようになっていますから、著作物と認められる可能性があります。また、職業別に分類したタウンページのデータベースは、コンピュータで電話番号を職業別に検索できるようにしてあります。この点から、裁判においても、職業別に編集するという部分で創作性があると認めて、「データベースの著作物」にあたるとした例があります。

　このように、情報の選択や体系的な構成において創作性のあるデータベースは、著作権法上の保護を受けますから、無断利用された場合には著作権侵害を理由として相手を訴えることができます。

編集著作物も著作物にあたるのでしょうか。

Answer 編集著作物も素材とは別に著作物として保護されます。

　音楽業界では「コンピレーション・アルバム」と呼ばれるCDが発売されています。これは、80年代、90年代など、各年代に流行した楽曲（ヒット曲）などのうち、「恋愛」「別れ」「女性ロックグループ」といった一定のテーマに添ったものを集めて、１枚のCDにまとめたものです。このように、音楽・絵画・詩・俳句などの著作物やさまざまな情報を素材として集め、それを整理してCD・書籍・雑誌などにまとめたものを編集物といいます。

● **編集著作物の著作権者は誰か**

　編集物に掲載されているのが著作物である場合、その著作権はそれぞれの作品の著作権者に帰属します。ただ、コンピレーション・アルバムを見てもわかるように、編集物には、その作品の選択や配列といった部分に、編集作業をした人の独自の工夫や考えといった創作性が認められるものもあります。したがって、著作権法では、「編集物でその素材の選択又は配列によって創作性を有するもの」を編集著作物として、これに独自の著作権を認めています。

　編集著作物については、編集作業をした人が著作権者となります。ただし、その範囲はあくまで「編集」部分に対するものです。それぞれの素材に認められている著作権は、編集著作物とは関係なく、依然として素材の著作権者が有しているのです。

自社の運営する求人サイトに他社のサイトに掲載されていた求人情報を転載したいのですが、著作権法上は問題ないのでしょうか。

著作物として認められる場合もあり、その場合は無断転載が著作権侵害となります。

　求人情報が著作物に該当する場合には、その著作物を無断で転載すれば著作権法違反となります。しかし、求人情報が著作物に該当しない場合には、それを転載しても著作権法違反とはなりません。

　著作物は、思想または感情を創作的に表現したものでなければなりません。「思想または感情を創作的に表現したもの」と認められるためには、何も思想や感情を高い芸術性で表現しなければならないわけではありません。表現者の個性が表れていれば、創作的な表現であると認められます。

　したがって、求人情報を掲載しているサイトの管理者が、単に雇用条件を羅列するにとどまらず、求職者を引きつけるために創意工夫をして求人情報を作成している場合には、その求人情報は著作物と認められる可能性が高いです。

　たとえば、求人情報を作成したサイトの管理者が、その情報を作成する際に、求職者が希望する職種を見つけやすいように工夫していたり、求職者に向けてメッセージを発信していたりする場合には、その求人情報は著作物に該当するといえるでしょう。この場合には、その求人情報をサイトの管理者の許諾を得ずに転載することは、著作権侵害となります。

26 Question
有名人へのインタビューを元に作成されたインタビュー記事の著作権者は誰になるのでしょうか。

インタビュアーや編集者が著作権者となります。

　有名人へのインタビュー記事は、その有名人がインタビュアーに対して話したことがメインで綴られます。そのため、その記事の著作権者はその有名人であるように思われがちですが、誰が著作権者であるのかを判断するには、インタビュー記事ができあがるまでの過程をたどるとわかりやすいでしょう。

　インタビュー記事を作成するには、まずインタビュアー（記者）が質問の内容を考え、相手に質問し、その回答からまた新たな質問をする、といった方法で進められます。インタビューが終了すると、内容を吟味して取捨選択をし、どの内容をどのように配置して読者に伝えるかなど、インタビュー記事を作成する上で必要となる創意工夫が重ねられます。

　このように、インタビューの内容、取捨選択、記事の作成という過程において、創意工夫をして1つの記事にまとめ上げているのは、インタビューに回答した人ではなく、インタビュー記事を作成しているインタビュアーや編集者です。

　したがって、インタビュー記事の著作権についても、他の本や雑誌の記事などの著作物と同様、その記事を作ったインタビュアーや編集者が有していると考えられています。

雑誌に投稿した川柳の著作権は誰のものなのでしょうか。

著作権が雑誌の出版社に帰属するとの記載が募集規程にある場合は、出版社に著作権が帰属します。

・・

　たとえば、雑誌が募集する「婚活」に関する川柳に応募して最優秀賞に選ばれたとします。その応募者に対し、結婚相談所を経営する友人から「ユニークで面白いから、ウチのキャッチフレーズとしてぜひ使わせてほしい」という申し出があった場合、応募者はその友人に川柳を使用させることができるのでしょうか。

　そもそも、川柳や俳句は17文字で構成される短文とはいえ、作者の個性が発揮されており、創作性が認められるので、著作物であるとされています。したがって、川柳や俳句の創作時には、それを創作した人に著作権が帰属することから、応募者は友人に使用を認めることができるのが原則ということができます。

　しかし、ほとんどの場合は、雑誌の応募規程に「採用された（応募した）作品の著作権は、雑誌の出版社に帰属する」との記載があるはずです。この場合には、財産権である川柳の著作権は、応募者から雑誌の出版社に移転することになり、応募者本人の自由にはなりません。したがって、応募規程にこうした記載がある場合には、出版社の許諾を得なければ、その川柳を友人に使わせることはできないことになります。

Q28 Question

ドラッグストアが、衣料品チェーンのチラシのレイアウトをそっくりマネしてチラシを作った場合、著作権法上問題となるのでしょうか。

レイアウトそれ自体は著作物ではないので、原則として著作権法上の問題はありません。

　レイアウトとは、デザイン・広告・書籍などにおいて、一定のスペースに各素材（写真、イラスト、図版、コピーなど）を効果的に配列することです。レイアウトそれ自体は著作物ではありませんので、レイアウトをマネたとしても、直ちに著作権侵害とはなりません。

　もっとも、著作権法では、「その素材の選択または配列によって創作性を有するもの」は編集著作物となることを規定していますので、編集著作物を模倣した場合は編集著作権の侵害となります。

　しかし、このケースの場合は、写真・イラストなどの中心となる素材が、ドラッグストアであれば大衆薬や化粧品、衣料品チェーンであれば衣料品となりますが、両者はまったく異なっていることから、通常は編集著作権の侵害に該当しないと考えられます。

　したがって、このケースの場合は、道義上の問題は別にして、著作権法上は問題ないといえるでしょう。

　しかし、同業種の競合店のチラシのレイアウトをすっかりマネしており、素材の選択や配列にも一定の類似性が認められる場合には、編集著作権を侵害していると主張される可能性もあります。

議事録や契約書、傍聴記録は著作物といえるのでしょうか。

作成者の個人的な思想や感情に基づいた創意工夫がなされているかどうかがポイントです。

国会や各地方公共団体のホームページを見ると、各議会の本会議や委員会などの議事録が公開されています。多くは発言者の発言した言葉をほぼそのまま記載する形で作成されており、各議会でどんな内容が議題に上っていたのか、どの議員がどんな考え方や意見を持って発言しているのか、といったことを知ることができます。

企業や大学などのホームページでも、会議やシンポジウムなどの発言の記録を公開しているところがありますし、最近は裁判所で裁判を傍聴し、その内容を記録した傍聴記録をホームページやブログなどで公開している人も多いようです。

このような会議録や傍聴記録の内容を見て、自分のホームページやブログにその内容の一部を転載した上で、自分の感想や意見を公表したいという人もいるでしょう。

また、商品の売買契約や労働者との雇用契約などを締結したいといった場合や、法律的なトラブルが起こった場合に、契約書や内容証明郵便（237ページ）といった書類を作成する必要が出てくることがあります。しかし、知識のない人がいきなりそのような書類を作成するのは困難です。そこで、インターネットや書式集などの中から適当なサンプルを探し、それを元にして書類を作成したいと考える人も多いはずです。

このような場合、インターネットや書式集などに掲載されているサンプルが著作物にあたるのかどうかが問題になります。

●議事録や傍聴日記は著作物といえるのか

　議事録や傍聴記録といったものには、いくつかの形式があります。前述したような会議の音声を録音し、それをほぼそのまま書き起こした形のものの他、発言内容を要約して時系列で記録したもの、会議などの概要だけをまとめたものなどが挙げられます。

　いずれの形式を採用していても、これらは実際に起こった事象の記録や伝達を目的とするので、著作物には該当しません。議事録や傍聴記録の中には、体裁や見出しをつけて重要な部分を把握しやすくする、図表化して一目で内容をつかめるようにする、必要な情報を分類して記載する、といった作成者の独自の工夫がされているものもあります。しかし、その工夫は「思想や感情を創作的に表現したもの」とまではいえないので、著作物とはならないのが一般的な見方です。

　ただし、たとえば裁判の傍聴記録の場合は、当事者の尋問を聞いたときの感想や、判決に対する意見など、作成者が自己の感情や思想に基づいた創意工夫を加えて作成しているものもあります。この場合は、傍聴記録に創作性があると認められ、著作物と判断される可能性があることに注意が必要です。

　一方、契約書・約款・内容証明郵便などの文書の場合は、その内容によってさまざまな工夫がされていますが、そこに作成者の感情や思想といったものが入る余地は少ないといえます。

　したがって、これらの文書が一般的に著作物と扱われることはないといえます。しかし、インターネットや書式集などに掲載されているサンプルは、その解説部分と相まって著作物になると考えることもできます。そうであってもサンプルは複製して利用するのを想定して作成されるものなので、サンプル部分だけを抽出して利用することは著作権者が許諾していると考えられます。

法令の条文は無断で利用・掲載できるものでしょうか。

Answer 私案でない限り無断で利用・掲載ができます。

　法律に関係するホームページには、法律の条文を紹介するものが多数見受けられますが、その掲載について誰かの許諾を得ているのでしょうか。

　国会が定める法律、国の行政機関が定める命令、地方公共団体の議会が定める条例といった法令の条文は、立法に携わる人たちが知的労苦を重ねて創り出しており、創作性が認められるので、著作物ということができるでしょう。

　しかし、法令の条文は、その性質上、国民がよく知り、よく利用することが期待されています。そのように広く国民に開放されて利用されるべき法令の条文については、著作物であっても、著作権法上の保護を受けないことになっています。

　したがって、ホームページに法令の条文を掲載するのに、誰の許諾も必要ではありません。同じように、国や地方公共団体の機関が発する告示・訓令・通達や、裁判所が言い渡す判決・決定なども、著作権法上の保護を受けないことになっていますので、掲載にあたって著作権者の許諾は不要です。

　ただし、一般の私人が作った憲法改正のための私案などは、通常の著作物と同じ保護を受けますので、無断で掲載すると著作権侵害の問題を生じさせます。

Question 31

勉強のために大学の講義を
教授に無断で録音した場合、
著作権侵害となるのでしょ
うか。

私的利用目的の範囲を超える場合には、著
作権侵害の問題を生じさせます。

　大学の講義や専門家のセミナーなどの講演は、著作権法が著作物と
認めているもののうち、「小説、脚本、論文、講演その他の言語の著
作物」の講演にあたります。

　通常、著作物を著作権者に無断で録音する行為は、著作権者が有す
る複製権を侵害することになりますから、著作権侵害となります。録
音や録画も「複製」に含まれるからです。

　ただし、私的に利用する目的で講演を録音した場合には、例外的に
著作権侵害とはなりません。

　したがって、大学の講義や専門家のセミナーなどの講演を、講演を
行っている人（教授や専門家など）に無断で録音・録画をしたとして
も、それが「自分の勉強のために」という自分自身の私的な利用目的
のために行っている限りは、著作権侵害とはなりません。

　ただし、実際に講義や講演が行われる教室や会場では、録音・録画
を禁止している場合もあります。このような場合に著作権法上は著作
権侵害とはならないからと言って、主催者側の意向を無視して録音・
録画することは厳に慎むべきです。事前に私的利用目的のために録
音・録画をしたいことを申し出て、どうすればよいか確認したほうが
よいでしょう。

第3章

著作権の効力と帰属

Question 1 著作権の存続期間が経過したアメリカの小説を翻訳した場合、著作権侵害の問題は生じるのでしょうか。

アメリカの小説は著作権法上保護されるので、著作権侵害の問題が生じます。

　外国の著作物であっても、著作者が日本国民であったり、著作物を最初に発表した国が日本であった場合、さらにはベルヌ条約などの条約によって著作権法上の保護を受ける取り決めとなっている場合（アメリカの小説はこれに該当します）には、著作権法上保護されます。そうではない著作物については、原作者の許諾を得ずに翻訳したとしても、日本の著作権法上の著作権侵害の問題は生じません。

　もっとも、日本の著作権法で保護される外国の著作物であっても、保護期間を経過している著作物を翻訳する場合であれば、著作権侵害の問題は生じません。

　ただし、アメリカの著作物は、著作者の没後（死後）70年（平成30年12月29日までは50年）という保護期間が経過していても、著作権が消滅していない場合があります。第二次世界大戦中に日本を敵国としていた連合国側の国の著作物について、著作権の存続期間を延長する取り決めがあるからです。これを戦時加算といいます。連合国であるアメリカの小説の場合は、この取り決めで加算すべき期間とされている期間（3794日）を保護期間に加えなければなりません。

　なお、本ケースの場合は、翻訳権の侵害が問題となりますが、翻訳権については、さらに上記期間に6か月を保護期間に加えなければならないとされています。

Q2

会社名義で公表した著作物の著作者が公表から5年後に自分の実名を著作者名として公表した場合、著作権の保護期間はどうなるのでしょうか。

実名で公表した個人の死後70年が著作権の保護期間となります。

　法人その他の団体が著作の名義を有する著作物（団体名義の著作物）の著作権については、その著作物の公表後70年（著作物が創作後70年以内に公表されなかったときは、その創作後70年）が保護期間となるのが原則です。これが適用されるのは、著作者が個人であっても法人であってもよいとされています。

　ただし、公表された団体名義の著作物であっても、その著作物を創作した個人の著作者が、公表後70年の保護期間のうちに、自分の実名か周知の変名（著名なペンネームなど）を著作者名として表示した上で、その著作物を公表したときは、公表後70年の保護期間が適用されません。この場合は、著作権の保護期間の原則に従い、著作者であるその個人の死後70年を経過するまで、著作権の保護期間が存続することになります。

　本ケースでは、会社名義での公表から5年後に、著作者である個人が自分の実名で著作物を公表していることから、著作権の保護期間はその個人の死後70年となります。

　ただし、映画の著作物は、そもそも保護期間が公表後70年であるため、著作者である個人が自分の実名で著作物を公表しても、保護期間は公表後70年のままです。

有名な画家の作風・画風をマネしてポスターを作成した場合、著作権を侵害したことになるのでしょうか。

画家の没年によって著作権侵害になるか否かが変わります。

　絵画やイラストレーションその他美術の著作物の権利の保護期間は、著作者の没後（死後）70年（平成30年12月29日までは50年）となっています。したがって、没後500年近くが経ち、すでに著作権が消滅している、ルネサンスの巨匠といわれるレオナルド・ダビンチの作風・画風をマネることはもちろん、あのモナ・リザをそっくりそのまま描いても、著作権侵害にはなりません。

　では、同じことを1973年に亡くなって、まだ著作権の保護期間にある、20世紀を代表する芸術家といわれるピカソの絵について行った場合はどうでしょうか。なお、現在は、映画の著作物を除き、ピカソのように平成30年12月29日までに没後50年を経過しなかった著作物については、著作者の没後70年が著作権の保護期間となります。

　著作物に該当するための要件のひとつとして「表現したもの」があることから、単なる技法であり、表現したものとはいえない作風・画風には著作権が生じません。したがって、ピカソのあの特異なデフォルメの作風・画風をマネして人物やモノを描いたとしても、作風・画風が類似しているだけとなり、著作権侵害にはなりません。

　しかし、ピカソの描いた絵の構図（コンポジション）までマネてしまうと、著作権（複製権・翻案権）侵害の可能性が高くなります。

著作者とは誰のことを意味するのでしょうか。

著作物を創作した者のことです。

　著作者となるためには、保護の対象となる著作物を創作しなければなりません。もっとも、著作物を創作するのは単独の自然人（個人）とは限りません。著作権は、著作物を創作すれば、それだけで発生する権利です（無方式主義）。そして、著作権は、著作物が創作された時点では、著作物を創作した者に帰属することになっています。この著作物を創作した者を「著作者」といいます。

　なお、著作物を「創作」したといえるには、実際に主体となって（主導的に）著作物を作成しなければなりません。アシスタントや資金・材料を提供しただけの者は、著作者とはいえないのです。

●法人が著作者となる場合もある

　著作物の創作については、単独の自然人（個人）だけではなく、企業などの法人がその事業として行ったり、複数の者が協力して行ったりすることが増えています。その場合、著作者は誰になるのでしょうか。

　著作物の創作は、実際には自然人によって行われますが、法人が創作を企画し、素材や人員などを提供するケースがよくあります。そこで、著作権法では、一定の要件を満たした場合には、自然人ではなく法人自体を著作者とすることになっています（83ページ）。

●共同著作物の場合は特別の扱いがなされる

　複数の者の協力で、著作物が創り出される場合があります。これに

は「共同著作物」と呼ばれるものと「結合著作物」と呼ばれるものがあります。

① 共同著作物と結合著作物

　共同著作物とは、1つの著作物を複数の者が共同で創作し、それぞれの貢献分を分けて考えることができないものです。たとえば、2人の漫画家が一緒に1つの漫画を描いた場合です。仮に、1人が勝手に単独名で公表しても、もう1人の側も著作権を主張することができます。ただし、1人が主導権を握り、もう1人は指示に従って手伝っただけの場合、もう1人の側は著作権を主張できないこともあります。

　なお、共同著作物と似て非なるものに、結合著作物があるので注意を要します。結合著作物とは、それぞれの貢献分を分けて考えることができる著作物です。たとえば、1つの歌謡曲の作曲と作詞を別々の者が担当する場合です。この場合、作曲と作詞は別個の著作物として扱われ、共同著作物としては扱われません。

② 共同著作物に該当する場合

　共同著作物に該当する場合、著作権は、著作権者が単独の者の場合とは異なった取扱いとなります。

ⓐ 著作者人格権は、著作者全員が合意しなければ行使できません。

ⓑ 著作権（著作財産権）は、著作権者全員が共有者として著作権を共有していることになります。そのため、著作権の行使は、共有者全員の合意によらなければなりません。また、共有者のうちの1人が自分の持分を第三者に譲渡し、または質権などの担保権を設定するには、他の共有者の同意が必要です。ただ、ここでの合意・同意は、正当な理由がなければ拒絶できません。

ⓒ 著作権の保護期間である著作者の死後70年の「70年」については、最後の著作者が死亡した時点から起算されます。

仕事で作った原稿の著作権はどうなるのでしょうか。

従業員が創作したものでも雇用主が著作者となる場合があります。

　会社などの「法人その他使用者」の業務の一環として著作物を作成することを「職務著作」といいます。職務著作による著作物は、著作者を雇用する会社などが著作者となることから、著作権は、それを作成した会社などに帰属します。たとえば、次のような場合には、職務著作として扱われる可能性があります。

ⓐ　会社の社内報に掲載するための短編小説を執筆した

ⓑ　自社で販売する商品を紹介するためのパンフレットやポスターを作成した

ⓒ　玩具会社で販売するおもちゃの企画立案・デザイン・試作品製作を行った

ⓓ　社内で使用する給与計算システムのプログラムを開発した

ⓔ　新聞社や雑誌社等の記者が取材活動を行い、掲載する記事を執筆した

●職務著作となる場合とは

　著作権法15条では、著作物が職務著作となる場合の要件として、次のようなことを挙げています。

① **著作物の作成が法人その他使用者（法人等）の発意に基づくこと**

　会社が著作物を作成するよう業務命令を出したり、会社が企画立案を行うなどしている場合、この要件を満たすことになります。

② 法人等の業務に従事する者が職務上作成する著作物であること

　ここで言う「法人等の業務に従事する者」とは、法人等と雇用契約を締結している者に限らず、法人等の指揮監督下で職務を行う者も含まれます。指揮監督下にあれば、雇用契約ではない請負契約や委任契約に基づいて法人等の職務を行う者も「法人等の業務に従事する者」にあたる可能性がある、ということです。

　たとえば、前述した⑥の事例として、企業から、商品をPRするためのポスターの制作について、請負契約の形式で制作を請け負った場合を考えてみましょう。完成させたポスターは、著作物にあたると考えられ、通常、作成時には請負人（製作者）が著作者となります。

　しかし、このポスターが会社の発意（指示や命令など）による制作である以上、製作者がこの会社とは雇用関係のない請負人によるものであっても、会社の指揮監督下でポスターを作った場合に該当する可能性があります。その場合は、ポスターの公表にあたり、会社が自らを著作者として公表すると、会社とポスターを製作する請負人との間で作成時における著作者に関する特約などがない限り、職務著作による著作物に該当し、ポスターの著作者は会社となります。

　後から著作権の帰属につき争いが発生しないように、契約締結時にポスターの著作者が誰であるのか、さらにはポスターの著作権が誰に帰属するのかを明確に契約書で定めておくとよいでしょう。なお、著作者人格権については、著作権の帰属に関する特約の有無やその内容にかかわらず、著作者に該当する個人または法人等に帰属することに注意が必要です。

③ 法人等が自己を著作者として公表するものであること

　上記の①②の要件を満たした著作物を公表するにあたって、「この作品の著作者は株式会社○○である」などのような表示を行うことをいいます。

④ 作成時における契約、勤務規則その他に特約事項がないこと

雇用契約を締結した際に取り交わす雇用契約書や勤務規則（就業規則）などに、「業務上作成した著作物の著作者は、それを創作した従業員であるものとする」などの特約が置かれていないことが必要とされます。もし、雇用契約などにはこのような特約がなくても、著作物を作成する時点で著作者に関する特約を交わしていた場合は、その特約が優先されます。

　以上の①～④の4要件をすべて満たしていれば、その著作物は職務著作として扱われ、会社などの法人等が著作者となり、その作成時には法人等に著作権が帰属することになります。

　なお、該当の著作物が「プログラムの著作物」である場合は、③の要件を満たしていなくても、①②④の3要件をすべて満たしていれば職務著作として扱われます。

●例外的に個人が著作者となる場合

　このように、会社などの業務の関係で創作した著作物の著作権は、通常、著作者となるその会社などが持つことになるわけですが、場合

■ 法人等（会社など）が著作者となるための要件 ……………………

①法人等の発意によること	著作物の作成を法人等が企画立案して、その作成をするように業務命令を発すること
②法人等の業務に従事する者により職務上作成されたものであること	法人等の業務に従事する者（原則は雇用関係にある者）が、その法人等の職務として作成されたものであることが必要。常勤か非常勤かは問われない
③法人等の名義で公表されるものであること（プログラムの著作物の場合は不要）	法人等の名義で公表されることが必要である。未公表のものでも、これから公表が予定されているのであればかまわない
④契約や勤務規則などに別段の規定がないこと	契約や勤務規則などで「従業員を著作者とする」といった別段の規定（特約事項）がないこと

によっては、実際に創作した従業員などの個人が著作者となって、その個人に著作権が帰属することがあります。

　たとえば、前述した@の事例において、従業員が掲載する短編小説を業務命令ではなく自分の趣味で創作したという場合です。社内報を作成するのが従業員の業務であり、上司から「短編小説を書くように」と命令されたのであれば、職務著作になります。しかし、社内報の空きスペースに何を掲載するかを検討していたときに、自分が以前から書きためていた短編小説を持参し、それが採用されて掲載することになったという場合は、職務著作にはあたりません。これは、短編小説はみずから進んで書いたものであり、上司から命じられて創作したものではないからです。

　では、仕事の役に立つからという理由で、会社の休憩時間などを使って給与計算のシステムを開発し、実際の業務にそのシステムを使用することが許可されたという場合はどうでしょうか。

　この場合、そのシステムを使用することを命じるのは会社かもしれませんが、開発そのものを行うよう命じたわけではありません。また、開発作業は休憩時間などを使って行ったわけですから、会社の職務上作成したともいえないでしょう。したがって、この場合は職務著作にあたらず、システムの著作権は、その作成時には著作者である開発した従業員個人に帰属することになります。

●合意書などを作っておく必要がある

　「従業員が作成した著作物の著作者は従業員である」といった内容の勤務規則（就業規則）などがある法人等では、著作物について他の職務著作の要件を満たす場合でも、従業員が著作者となります。

　複数の人が著作物の創作に携わった場合には、権利関係が複雑になりがちです。職務著作となる場合であっても、著作物の作成前に契約などで誰がその著作物の著作者となるのかを明記し、トラブルを未然に防ぐ工夫をする必要があります。

著作物を利用したくても、著作者が誰なのかがわからず、許諾を得ることができない場合があります。著作者不明の著作物の著作権はどうなるのでしょうか。

文化庁長官の裁定を受けることで著作権侵害の問題が生じなくなります。

　ブログやホームページ、SNSを持っている人の中には、自身のページに他人の著作物を掲載したいと考えても、誰の許諾を得ればよいのかわからない、という経験をしたことがあるかもしれません。どうしても文書や写真の著作権者がわからないケースでは、下記のようにその文章や写真を利用しても著作権侵害とならないこともあります。

　もっとも、民話、怪談、古くから語り継がれている言い伝え、都市伝説などのような話（以下「民話等」といいます）は、文章などの形で外部に表されておらず、アイデアそれ自体と同じように、著作物とはいえないのが一般的です。したがって、民話等を自身のブログやホームページ、SNSのページに文章や写真などで紹介しても、通常は著作権法違反の問題は生じないでしょう。

　ただ、民話等を文章や写真などの形で公表しているものを利用する場合は注意が必要です。民謡等を多少の修正増減を加えただけで公表している場合は、創作性が認められず、公表者の著作物とは認められないでしょう。しかし、民話等を基にストーリー性などが加えられている場合は、公表者の著作物として認められる場合があるからです。

　たとえ著作者が不明な場合でも、著作物についての著作権自体は存在しています。ただ、その著作権者が誰であるのかがはっきりしないので、著作権者を捜し出して許諾を得ることは難しいでしょう。この

場合には、文化庁長官の裁定を受けることで、著作権を侵害することなくその著作物を利用することができます。

●文化庁長官の裁定とは何か

　著作権者が誰なのかがわからない著作物を利用する場合、著作権者本人の許可を得ることは事実上不可能です。この場合には、文化庁長官の裁定を受けられることは前述したとおりです。

　以下の要件のすべてに該当した場合には、文化庁長官の裁定を受けることで、著作物を利用することができます。

・その著作物が公表されたものであるか、相当期間公衆に提供もしくは展示されていた事実が明らかなものであること

・著作権者の不明その他の理由により、相当な努力をしても著作権者と連絡をとることができない場合であること

　利用者が「相当な努力をしても著作権者と連絡をすることができない場合」としては、たとえば、次々に相続が発生したことにより著作権を共有する者の全員が特定できない場合や、著作権が次々に譲渡されたために現在の著作権の譲受人が特定できない場合などが挙げられます。しかし、単に時間や経費が必要な場合は、「相当な努力をしても著作権者と連絡をすることができない場合」に該当しません。

　これは権利者不明著作物（孤児著作物とも呼ばれます）に関する問題と呼ばれ、著作権者不明の著作物は多数に上り、その利用方法に関する問題を解決するために設けられたのが裁定制度です。

　そして、文化庁長官の裁定を受ける場合は、補償金を供託しなければなりません。補償金として支払う額は文化庁長官が指定します。

　ただし、平成30年の著作権法改正によって、権利者不明著作物を利用するのが国や地方公共団体である場合には、文化庁長官の裁定を受けるにあたり、補償金の供託をする必要がなくなりました。

著作権を譲り受ける場合、どのような点に注意すればよいのでしょうか。

譲渡人が著作権を持っていること確認することが必要です。

　著作権は売買の対象となりますが、一見して誰が著作権を持っているのかがわかりにくいので、他人（譲渡人）から譲り受ける場合にはとくに注意が必要です。

　売買の対象が宝石や貴金属などの場合は、目の前に売買の対象があるため、二重譲渡される危険性は非常に少ないです。しかし、売買の対象が著作権の場合は、たとえ目の前に原稿や楽譜などがあったとしても、その著作権をその人が持っている根拠とはなりません。

　ただ、著作権は登録することができます。この登録制度は文化庁が管轄しています（227ページ）。したがって、著作権を譲り受ける際には、まず売買の対象である著作権が登録されているか否かを確認してみるとよいでしょう。登録されている場合には、著作権を有している人（著作権者）が誰かを確認します。

　著作権者として登録されている人が譲渡人以外の場合は、二重譲渡の可能性が高いですから、事実関係を詳しく確認すべきでしょう。譲渡人が著作権を確実に持っていることがわかったら、譲り受けても問題ないでしょう。著作権を譲り受けたら、その著作権が文化庁に登録されていない場合も含めて、自分が取得したことを第三者にも主張できるようにするために、速やかに登録するようにしましょう。

Question 8

デパートで買った絵画を売却した後に、作者から「違法複製物の無断売却は譲渡権を侵害する」と言われましたが、どうすればよいのでしょうか。

絵画の購入時点で違法複製物につき善意無過失で、かつ売却時点でも善意であれば、他人への売却について責任を負いません。

画家は、絵画の著作権者であり、絵画を譲渡する権利（譲渡権）を有しています。この譲渡権には、著作物の複製品を公衆に譲渡する権利も含みます。著作権者は複製権を有していますから、著作権者が複製や公衆への譲渡について許諾を与えていた場合には、適法複製物が存在することも十分あり得ます。

しかし、作者が「違法複製物の無断売却」と言っていますから、デパートで買った絵画は違法複製物となるでしょう。著作物の原作品または適法複製物が誰かに適法に譲渡された場合、この段階で著作権者が有していた譲渡権は消滅しますが（譲渡権の消尽）、このケースのように違法複製物の場合には譲渡権が消滅しません。

しかし、違法複製物を譲り受けたとしても、譲り受けた時点で違法複製物であることを知らず（善意）、かつ、知らないことについて過失がない（無過失）場合には、その譲り受けた違法複製物を他人に譲渡しても譲渡権侵害にはなりません。ただし、絵画が違法複製物であるのを知りつつ他人に頒布する行為は、知ったのが譲受け後であっても譲渡権侵害となります。このケースの場合は、他人への売却時に少なくとも善意であったといえるので、デパートでの購入時に無過失であれば、他人への売却について責任を負う必要はありません。

第4章

著作権ビジネスと
契約の知識

コンテンツビジネスをする上での注意点

どんな権利が発生するか

　最近は「デジタルコンテンツ」が世の中に浸透しつつあります。デジタルコンテンツとは、デジタル情報によって構成されている表現物を意味します。典型的にはCDやDVDに収録されている動画や音楽ですが、急速に普及しているストリーミング配信で提供される動画や音楽もデジタルコンテンツです。

　デジタル情報は、作成者などが発信した情報を、受信者の手元で映像や音声などに復元するため、複製や改変が容易で、劣化しないのが特徴です。また、大量の送受信・蓄積が可能で、双方向性もあります。

　そして、このようなデジタルコンテンツ（以下「コンテンツ」といいます）にも、著作権法、特許法、商標法に基づいて、一定の権利性が認められます。

① 著作権

　コンテンツが、人の思想・感情を創作的に表現したものとして著作権法上の著作物に該当すれば、「著作権」が認められます。

② 特許権

　コンテンツが、新たな創作的な技術であり、特許法の定める登録を受けていれば、「特許権」が認められます。

③ 商標権

　コンテンツが、商品またはサービスに使用する標章であり、商標法で定める登録を受けていれば、「商標権」が認められます。

　ここでいう権利性をもっと詳しくいえば、著作物、発明、商標を権利者が排他的・独占的に利用できるということです。したがって、権利者以外の者が著作権などが認められているコンテンツを権利者に無断で利用すると、その効果として権利者には差止請求権や損害賠償請

求権が発生します。また、権利があるのを知らずに利用してしまったのではなく、意図的に利用した場合には、利用者に刑事責任も発生してしまいます。

このように知的財産権は強力な効力を持っているのです。コンテンツは、その性質上、著作物にも特許にも商標ともなりうるので、利用する側は、これらの権利の有無・内容を確認しておく必要性があります。ただ、逆にいえば、権利の有無を確認した上で権利者の許諾を得れば、誰でもコンテンツを有効に利用することができるのです。

まずは権利者を確定する必要がある

経済的な価値の高いコンテンツであればあるほど、何らかの知的財産権を備えている可能性が高いといえます。コンテンツが知的財産権を備えている場合、それを積極的に利用したい者は、その権利者から許諾を得なければなりません。権利者から許諾を得るためには、当然のことながら、権利者が誰であるのかを確定する必要があります。

特許や商標の場合には、権利者の確定は比較的簡単です。これらの権利は登録しないと発生しないため、特許庁に特許権者・商標権者として登録されているからです。

これに対して、著作物の場合は、文化庁の登録制度を利用しなくても著作権が発生するため、登録されていないことが多く、権利者の特定が困難になるケースがあります。最近は1つの著作物について、出版社、映画会社、放送事業者などが複雑に絡んでいます。複数の者に著作権が帰属しているケースや、著作権以外に著作隣接権が発生しているケースも多々あります。その場合には、権利者をすべて特定した上で、全員の許諾を得ておかなければなりません。

順序としては、最初に、所在の比較的明らかな著作権者や配信元からあたるなどして、確実に権利者を押さえていくべきでしょう。

コンテンツビジネスの特徴

ここでは、コンテンツビジネスの特徴について見ていきます。

① 無断複製・改変とビジネスとの調和

コンテンツは、全世界に向けて情報発信できるインターネットと相まって、巨大な利益を生み出す可能性をもっていますが、その反面として、コンテンツ特有の問題点をもっていることも否定できません。

前述したように、コンテンツは複製や改変が容易で、劣化もありません。しかも、全世界からのアクセスを受け入れることが可能であるため、無断複製や改変によって、本来得られるべき利益が失われやすい危険性をもっています。さらに、匿名によるアクセスが通常なので、損害賠償請求などの事後措置は困難です。

この点を解決する手段としては、まず、これらの損失・損害をあらかじめ織り込んだ価格設定をする手段が考えられます。ただ、あまりに高額な価格設定は、コンテンツの需要を減少させるおそれもあります。次に、ユーザーIDの取得などで、本人確認を厳格にする手段が考えられます。しかし、これも度が過ぎると、顧客のアクセスを減少させてしまいます。以上の点を総合的に考慮して、妥当な線でコンテンツビジネスを展開することが大切でしょう。

② 著作権法との調和

コンテンツビジネスの展開にあたっては、著作権法との関係も十分に考慮に入れておくべきでしょう。対象となるコンテンツが著作権法でいう著作物に該当するのかどうか、該当すると判断した場合、利用希望者が権利者に容易にアクセスできるのかも、考えておくべき大切な要素です。

著作権と他の知的財産権の関係

知的財産権とは

　人間の精神活動、知的な活動から生まれるアイデアなどで、財産的価値があるものを知的財産といいます。知的財産は、無形で物理的な支配ができないという特徴があります。そこで、さまざまな法律で、知的財産を保護するために知的財産権について規定しています。

　著作権も知的財産権の一種ですが、知的財産権は、著作権の他にもたくさんあります。具体的には、特許権、実用新案権、意匠権、商標権、育成者権、回路配置利用権、商号権、営業秘密などに分けることができます。

　このうち、特許権、実用新案権、意匠権、商標権は産業財産権と言われています。特許法によると、特許権として保護を受けるためには、特許を受けられる発明として認められなければなりません。具体的には、①産業上利用可能なものであること、②新しく創り出されたものであること、③容易に考え出せるものではないこと、④先に出願されていないこと、⑤公序良俗に反しないこと、などの要件を満たして登録されたものが特許権として保護されます。一方、実用新案は、特許で保護するほどではない「小発明」を保護する役割を果たします。意匠権は、登録された意匠やこれに類似する意匠の実施を独占排他的にすることができる権利で、具体的には視覚に訴えるデザインを保護するための権利です。商標権は、企業のブランドイメージを保護する役割を果たしており、商品やサービスに関する標章で特許庁で登録を受けたものが保護されます。商号と似ているのですが、登録機関も保護される範囲も異なります。

　育成者権とは、種苗法が定めている権利で、すぐれた新品種を開発した人が品種登録をすると与えられるものです。育成者権が与えられ

ると、その新品種の種苗を保管したり、収穫物を保管する行為を独占排他的に行うことができるようになります。育成者権は、永久に存続するのではなく、登録日から原則25年で消滅します。

　回路配置利用権とは、産業的な価値の高い半導体集積回路の配置方法についての権利で、半導体集積回路を製造することや販売することなどを独占することができるというものです。新しい配置方法を開発したときに、半導体回路配置保護法で回路配置利用権が与えられ、保護されます。権利の存続期間は登録の日から10年です。

　商号とは、会社を設立するときに登記する会社名です。先に商号登記をすると、他人はその商号を同じ所在地で登記できません。権利の範囲が同一の役務に限定されない他、同一の所在地の場合のみ、他人の登記を排除できる点に特色があります。不正目的で商号を使用している場合、その使用の差止請求や損害賠償請求などができます。

　営業秘密とは、会社の顧客情報や製造ノウハウなどのことです。従業員がライバルの他社に提供したり、独立時に持ち出して利用することは禁止されています。就業規則などに禁止規定があれば、会社は損害賠償請求などができます。この営業秘密を他人が不正な方法で取得することは、不正競争行為として不正競争防止法によって禁じられています。違反に対しては、差止め・損害賠償を請求できます。

どのように関連するのか

　著作権と産業財産権は知的財産権の一種である、という点では共通しています。しかし、著作権と他の知的財産権では、他の権利が権利として認められるためには原則として登録や申請を必要とするのに対して、著作権は登録や申請をしなくても権利として認められる、という点で大きく異なります。つまり、権利がいつ発生するか、という点で著作権は他の知的財産権とは大きく異なるのです。

　著作権も文化庁に申請すれば登録はできるのですが、登録しなけれ

ば権利が生じないわけではありません。自身の有する著作権をより確実なものにするためには登録をしたほうがよいですが、登録をしなかったからといって権利を主張できないわけではないのです。

　一方、産業財産権は、特許庁への登録によって発生します。産業財産権以外の権利も、回路配置利用権は経済産業省への登録、育成者権は農林水産省への登録、というように登録されなければ権利は発生しません。

　たとえば、回路配置利用権は、経済産業大臣から委託された一般財団法人ソフトウェア情報センター（SOFTIC）という登録機関に申請書を提出し、却下されずに登録されたときに発生するもので、著作権のように完全な無方式主義（とくに手続をしなくても権利を発生させる主義）ではありませんが、実体審査を行いません。つまり、申請された新たな配置によって、処理が効率的になり高速になるかどうかなどは審査されないのです。登録機関への申請が認められて、申請者に回路配置利用権が与えられます。

　商号も会社設立時に登録しなければなりません（設立登記をするときに商号を必ず記載します）。商号は、同じ所在地では同一の商号を

■ **産業財産権とその他の知的財産権** ……………………………

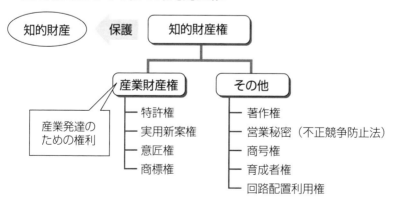

登記できないという点で、偶然に同一の著作物が創作されることを認めている著作権とは異なります。もっとも、同一の商号でも所在地が異なれば認められるという特色があります。

　このように、知的財産権は、それぞれ保護の対象も保護される範囲も異なります。

　著作権では、著作者がその著作物を創作したことが重視されます。一方、産業財産権は産業を発達させることが重視されるため、権利を与えられる者は先に申請をして登録を受けた者となります。著作権の場合、仮に同じ内容の著作物が発表されたとしても、それぞれの著作者が自分自身で作り上げたもので、お互いの著作物をマネしていない場合には、原則として、どちらの著作物も著作権法上の著作物として認められて保護されます。したがって、互いの著作物は著作権侵害とはなりません。

　一方、産業財産権である特許に値する発明を複数の人が別々に行った場合、著作権のように発明者すべてに権利が認められるわけではありません。この中で一番最初に登録申請をして登録された人だけが特許権者となり、特許法上の保護を受けることができるのです。したがって、たまたますでに特許として登録されている内容と同じ発明を、そうとは知らずに行った人がこれを利用して商品などを開発して販売すると、登録されている特許権の侵害となってしまいます。

　なお、産業財産権とは別に、不正競争防止法も知的財産権の不正行為について規制しています。この法律は、営業秘密の取得に関しても規定していますが、その他にも、著作権法や商標法、会社法などの規定ではカバーしきれない不正行為について規制する役割を担っています。

著作権の効力

著作権の誕生と消滅

　著作権は永久不滅の権利ではなく、原則として、著作者の死後70年で消滅します。その後は、社会全体の共有財産となるのです。

　財産権の中で最も日常的なものは、所有権でしょう。土地建物などの不動産、パソコンや指輪などの動産に対する所有権は、その権利者が死亡しても、相続人が相続するので消滅はしません。相続人がいなくても、最終的には国の財産となります。つまり、所有権自体は消滅しないのです。

　ところが、著作権の場合は事情が異なります。著作物は、個人の財産であると同時に文化の発展にも貢献するものであることを考えると、永久に特定の者に独占させておくことは適切でないのです。そのため、著作権については、人間の一生のように寿命があり、誕生から消滅までが著作権法によって定められています。

① 著作権の誕生

　著作権は、著作物が作成されると同時に発生します。特許権をはじめとする産業財産権が、特許庁で登録されることによって発生するのとは異なります。

② 著作権の消滅

　著作権は、著作者の死後70年で消滅するのが原則です。ただし、著作者がはっきりしない場合（無名もしくは周知でない変名の場合）には、著作物の公表後70年で消滅します。また、著作物が団体名義の場合や映画の著作物の場合には、その著作物の公表後70年で消滅するのが原則です。ただし、著作物が創作されたものの、創作後70年以内に公表されなかった場合には、その著作物の創作後70年で消滅します。とくに団体名義の場合には、その団体の中の個人が著作者でも、名義

自体は団体名であるために著作者の死亡時を特定することが困難なことが少なくないため、このような取扱いを行います。

著作権を侵害すると民事・刑事上の責任を負う

著作権は、著作物を独占的かつ排他的に利用することができる権利です。そのため、著作権者の許諾を得ずに著作物を利用すると、次のような責任が発生します。

① **民事責任**

著作権者は、侵害行為をしたか、そのおそれのある者に対して、侵害行為の差止めを請求することができます。また、侵害行為の結果として損害が発生した場合は、損害賠償を請求することもできます。

② **刑事責任**

わざと（故意に）侵害行為をした者には、刑事罰が科されます。

著作権が切れるかどうかの判断基準

著作権は、保護期間が過ぎると消滅するとされています。日本の著作権法では、著作権の保護期間を原則として著作者の死後70年までとしています。著作者が複数いる場合は、最後に亡くなった著作者の死後70年となります。著作物の存続期間は創作時から始まりますが、保護期間はそれぞれの著作物によって異なるということです。

したがって、たとえ明治時代の書物に掲載されている絵画を自分の小説の挿絵に使用したいという場合でも、その絵画の著作権者が誰なのか、著作者が亡くなったのがいつなのかを調べる必要があります。その上で、著作権の保護期間が継続していれば、著作権者の相続人など著作権を管理している人や機関を探して、その許諾を得る必要があります。反対に、保護期間が切れて著作権が消滅していれば、許諾を得たり、使用料を支払うといった手続きをしなくても、著作物を利用することができます。

なお、著作者人格権は著作者が亡くなると消滅しますが、著作物を勝手に改変したり、未公表の著作物を勝手に公表したりすると、著作者の遺族から差止請求や損害賠償請求を受けることがあります。

保護期間に関する改正の施行前と施行後で扱いが違う

　TPP11協定の発効に伴い「2018年（平成30年）12月30日」から著作権の保護期間が50年から70年へと延長されました。ただし、施行前の2018年（平成30年）12月29日までに50年を迎えた著作物は、そのまま保護期間が終了したものとして扱われます。つまり、2018年（平成30年）12月30日以降に50年を迎えた著作物のみ保護期間が70年に延長されます。

　なお、映画の著作物は、TPP協定の発効前から「公表後70年」という保護期間が設けられています。これは2003年（平成15年）の著作権法改正によるもので、以前は「公表後50年」でした。そのため、施行前の2003年（平成15年）12月31日までに公表後50年を迎えた映画は、そのまま保護期間が終了したものとして扱われます。つまり、2004年（平成16年）1月1日以降に公表後50年を迎えた映画のみ保護期間が公表後70年に延長されます。

■ 著作権の保護期間（TPP11協定の発効後）‥‥‥‥‥‥‥‥‥‥‥

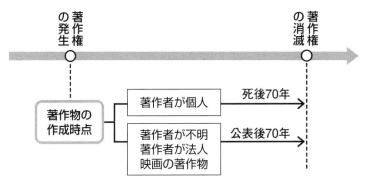

著作権の活用方法

著作権を活用して利益を得る方法

　著作者が努力を重ね、才能を活かして著作物を創作しても、それを上手に世の中に売り込まないと、利益は生み出されません。利益を生み出すためには、著作物を複製し、頒布することを他者に許諾するなどして、著作権を有効に活用する必要があります。

　ここでは、著作権の活用方法について見ていきましょう。

譲渡や担保設定

　著作権は、土地の所有権を譲渡するように、譲渡して対価を得ることができます。権利をすべて一括して譲渡する方法の他に、その一部を分離して譲渡することもできます。また、著作権に質権などの担保権を設定（質入れ）することもできます。

ライセンス契約にも２種類ある

　他者が著作物を利用することを認める契約を締結し、対価を得るという方法もあります。この契約には性質上、２つのものがあります。

① **債権的契約**

　他者に対して、著作物の利用を認める契約です。Aとだけ契約を結んで利用を認める方法もあれば、A、B、C…というように複数人と契約して、それぞれに利用を認めるという方法もあります。

② **準物権的契約**

　出版できる著作物について、他者（出版社など）に出版権を設定する契約です。出版権を与えられた者（出版権者）は、契約で定められている範囲内で、頒布のため、主として著作物を原作のまま文書・図画として複製することができます。

出版というと、著作物を文書・図画のように、紙媒体に複製することを指す場合が多いことは確かです。しかし、出版権という場合には、その他にも、CD-ROMやDVDなどのデジタル化された複製物による頒布も含まれます。また、複製物の公衆送信（インターネット上で閲覧することが可能な状態に置くこと）も含まれるので、電子書籍の形態をとる場合も出版権を設定することが可能です。

　著作権法に基づく出版権は、排他的・独占的な権利であって、許諾なく出版や公衆送信行為を行う第三者に対しては、差止請求や損害賠償請求ができます。さらに、著作権者自身が出版などをすることができなくなるとともに、第三者に対して出版などを許諾することもできなくなります。この点が、①の債権的契約と異なるところです。

　このように出版権は効力の強い権利なので、契約で存続期間の定めがない場合には、最初に出版されてから3年を経過した日に消滅することとされています。

利用許諾契約を結ぶことが必要

　著作物を利用する際には、著作権法などに従う必要があります。ただ、利用する著作物やその方法によって注意点も異なります。

　たとえば、事業者Xが、各種のデジタルコンテンツ（以下「コンテンツ」とします）を利用して、ストリーミング配信などのインター

■ 著作権の活用方法……………………………………………………………

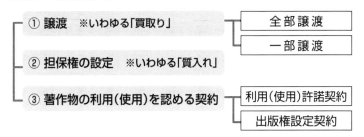

ネット上の事業を展開しようとしているとします。

　Xの利用したいコンテンツが音楽である場合には、著作権法に従い、著作権者の許諾を得なければなりません。日本の歌謡曲であれば、多くの場合、作曲家・作詞家についてはJASRAC（228ページ）の許諾で済みますが、他にも権利者がいるのが一般的です。著作隣接権がレコード会社や実演家（歌手など）に発生しているので、それらの者の許諾も別途必要になります。また、送信可能化権との関係もあり、これは音楽の場合だけでなく、映画に関連する場合も問題となります。

著作者人格権にも配慮が必要

　前述の例では、Xが音楽を利用したい場合を挙げました。ただ、Xが音楽を配信したいだけではなく、改変を加えたい場合には、さらに別の許諾も必要になる可能性があります。

　著作者には、財産権としての著作権（狭義の著作権）の他に、著作者の人格に結びついた著作者人格権が認められています。この著作者人格権には、著作物に対する同一性保持権というものがあります。そのため、著作物を改変して公にする場合には、元の著作物の著作者の許諾が必要になるのです。必ずしも著作権者と著作者とが同一人であるとは限らないので注意しましょう。

　また、実演家（歌手や演奏家）がいる場合には、その人にも実演家人格権としての同一性保持権が認められるので注意が必要です。

独占利用権を設定したほうが有利

　著作権者にとっては、複数の利用者にコンテンツを利用させてライセンス料を徴収したほうが有利な場合が多いといえます。しかし、利用者側としてみれば、コンテンツを独占したほうが収益性は高くなります。そこで、著作権の利用に関する契約を結ぶ際には、独占的な利用許諾契約を締結したほうが有利となるでしょう。

ソフトウェアのライセンス契約

どんな契約なのか

　ソフトウェアを「購入」することは、当たり前のようになっていますが、正確には、ソフトウェアそのものを買っているのではありません。多くの場合は、「使用する権利を購入しているだけ」なのです。ソフトウェアの複製権や譲渡権は、依然として著作権者が持っていることになります。ですから、ソフトウェアの購入者は、著作権法および著作権者との契約に従って使用する必要があります。

　ソフトウェアのライセンス契約とは、そのソフトウェアの作者と利用者との間で結ばれる使用許諾契約です。特許の分野では、特許使用権を与える代わりに特許料の支払いを受ける方法がとられています。ソフトウェアのライセンス契約もこれに近いもので、ソフトウェアの使用を許諾する代わりに使用料を支払う契約が締結されます。

　なお、著作権法では「利用」「使用」の区別を明確にしていませんが、たとえば、使用は著作物の効果を享受する行為（本を読む、音楽を聴くなど）を指し、利用は著作権者の許諾なくして行うことができない行為を指す、と区別する考え方があります。この区別によれば、コンテンツをパソコンにインストールして実行させることは、著作物の効果を享受するにすぎないので「使用」にあたります。

使用許諾契約の種類と内容

　ソフトウェアの使用する権利を購入するということは、その著作権者との間で契約を結ぶことになり、一般に「使用許諾契約」と呼ばれています。具体的には、次のような形で契約したことになります。

　まず、ソフトウェアを店舗もしくはネット通販などで購入し、使用するパソコンで実行できるようにセットします（インストール）。こ

のとき、画面上で契約内容に同意するかどうかを尋ねられ、「同意する」を選択してインストールが行われる方法があります。これもひとつの契約の形で、「クリックオン契約」と呼ばれています。

　他にも、パッケージに使用許諾契約の内容が印刷され、封を開けなくてもそれが見える状態になっているものがあります。この場合、購入者が封を開けた時点で契約が成立したとされます。これは「シュリンクラップ契約」と呼ばれています。

　日本では、どちらの方法でも問題はありません。ただ、契約の内容が、あまりにもソフトウェアを販売する企業側が一方的に有利で、購入者に不利益を強制するようなものは、無効になると考えられています。たとえば、「このソフトウェアに不具合が見つかっても一切責任を負わない」という条項は無効になると考えられます。

■ 使用許諾契約の種類…………………………………………………………

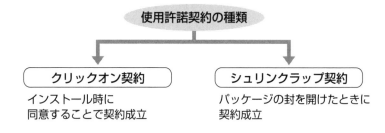

■ ソフトウェアの購入と使用許諾契約 …………………………………

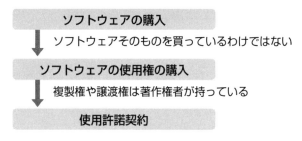

書式　ソフトウェア使用許諾契約書

使用許諾契約書

　株式会社○○○○（以下「甲」という）と株式会社○○（以下「乙」という）は、甲が著作権を有するソフトウェア「○○○○」（以下「本件ソフトウェア」という）について、以下の通り、使用許諾契約（以下「本契約」という）を締結した。

第1条（目的）甲は、乙に対して、本件ソフトウェア（範囲については別添目録記載）の非独占的使用権を付与し、乙は、甲に対して、ライセンス料を支払う。

第2条（内容）乙は、本件ソフトウェアを、次の範囲で使用することができる。

①　本件ソフトウェアを日本国内に設置された1台のコンピュータにインストールすること

②　本件ソフトウェアを同時に使用しない場合、日本国内に設置された複数台のコンピュータにインストールすること

2　乙は、自己のためのバックアップコピーを作成するために、本件ソフトウェアの複製品を作成することができる。

3　乙は、本件ソフトウェアを譲渡する場合、譲渡される第三者に本契約を同意させるとともに、乙のコンピュータにインストールした本件ソフトウェア及び本件ソフトウェアの複製品をすべて消去するものとする。

第3条（期間）本契約の有効期間は、令和○年○月○日より○年間とする。

2　前項の期間満了1か月前までに、甲又は乙から相手方に対して、書面による更新拒絶の意思表示をしない限り、本契約は同一の条件をもって○年間更新されたものとみなし、以後も同様とする。

第4条（引渡） 甲は、令和○年○月○日に、本件ソフトウェアを引き渡す。

第5条（検査） 乙は、前条の引渡の後、遅滞なく、本件ソフトウェアに不具合等の問題がないかを検査する。

2　乙は、前項の検査後、本件ソフトウェアに不具合等の問題があるか否かを、1か月以内に書面により甲に対して通知する。

3　本件ソフトウェアに問題がないことが甲に通知されるか、又は、前項の期間内に何らの通知もされない場合には、本件ソフトウェアの検査は完了したものとみなす。

第6条（ライセンス料） 乙は、甲に対して、本件ソフトウェアの使用許諾に対する対価として、ライセンス料金○○○万円を支払う。

2　乙は、前項のライセンス料を、令和○年○月○日までに、電信扱いにより甲名義の銀行口座に振り込む方法によって支払う。振込手数料は乙の負担とする。

第7条（品質保証） 甲は、本件ソフトウェアの使用許諾をする権利を甲自身が有していること、及びいかなる第三者の著作権をも侵害していないことを保証する。

2　第5条に規定する検査の結果、本件ソフトウェアに不具合等の問題が発見された場合、甲は、遅滞なく、本件ソフトウェアを無償にて修補又は適正なものと交換する。

3　本件ソフトウェアに不具合等の問題が検査により発見されない場合でも、本契約の有効期間中に限り、本件ソフトウェアが、別添目録記載の乙が指定した環境下において動作することができなくなった場合、又は第4条の引渡の時以前にウィルス等に感染していた場合は、本件ソフトウェアを無償にて修補又は適正なものと交換する。

第8条（通知義務） 乙は、本件ソフトウェアの使用に起因して、第三者より知的財産権等の権利を侵害したとの主張に基づく請求、訴訟の提起等を受けたときは、遅滞なく、甲に対して、その旨を書面に

より通知しなければならない。

2　前項の通知を受けた場合、甲は、乙の権利を保護するために必要な本件ソフトウェアに関する資料、訴訟費用（弁護士及び弁理士費用を含む）の提供等を行わなければならない。

第9条（**返還義務**）乙は、本契約に関連して甲から受領した書類、電磁的記録等の情報媒体物、及びそれらの複製物等の情報を記載した一切の物を、本契約終了時に、甲に返還しなければならない。

第10条（**禁止事項**）甲及び乙は、本契約に関連して知り得た相手方の情報を、相手方の許諾なく、漏えいしてはならない。

2　乙は、甲の書面による事前の許諾なく、本件ソフトウェアを改変、複製（第2条第2項の場合を除く）、公衆送信、貸与又は逆コンパイル、逆アセンブル、リバースエンジニアリングをしてはならない。

第11条（**解約**）甲は、乙が本契約上の債務を履行しない場合は、相当の期間を定めて履行を催告し、この期間内に履行がない場合は、本契約を解約することができる。ただし、乙の重大な不履行によらない限り、甲は乙に損害賠償を請求することはできない。

2　乙は、甲が本契約上の債務を履行しない場合は、相当の期間を定めて履行を催告し、この期間内に履行がない場合は、本契約を解約し、損害賠償を請求することができる。

3　本契約が解約された場合、甲は、受領済のライセンス料を受領日から解約の日までの日数に○○○円を乗じた額を控除して、乙に返還しなければならない。

第12条（**協議義務**）本契約に規定のない事項又は解釈上生じた疑義については、甲及び乙は相互に、信義に従い誠実に協議を行い、これを解決しなければならない。

第13条（**管轄**）本契約にかかる紛争については、○○地方裁判所を第一審の専属的合意管轄裁判所とする。

本契約成立の証として本契約書を2通作成し、甲乙は署名又は記名

押印の上、各自1通ずつ保管する。

令和○年○月○日

　　　　　　　　　　　（甲）東京都○○区××○丁目○番○号
　　　　　　　　　　　　　　株式会社○○○○
　　　　　　　　　　　　　　代表取締役　　○○○○　㊞
　　　　　　　　　　　（乙）東京都××区××○丁目○番○号
　　　　　　　　　　　　　　株式会社○○
　　　　　　　　　　　　　　代表取締役　　○○○○　㊞

　　　　　　　　〈別添目録　略〉

著作権の放棄

どんな場合に問題になるのか

　たとえば、著作物の複製をしたり、展示会を開くなどしたいといった場合には、著作権者の許諾を得なければならないとされています。そのためには、著作権者を探したり、許諾を得るために利用料を支払うといった手続きが必要になります。これにより、著作権者の権利が不当に侵害されることを防止しているわけです。

　しかし、中には自分の作品を広く社会に広めたい、メッセージを送り出したいといった希望を持っている小説家や画家などもいます。そのためには、著作権者の許諾を得るという手続きを廃止し、誰でも自由に利用できるという形にしておいたほうが効果が上がる可能性があります。このような場合、著作権を放棄することができるかどうかという問題が生じます。

放棄できるものとできないものがある

　著作権は、その著作物を創作した時点で、著作者が当然に取得することになる権利で、取得のために何らの手続きも必要ありません。そのせいもあってか、法律上には放棄に関することについての規定は置かれていません。「放棄が可能かどうか」ということ自体についても見解が分かれている状態ですが、現在のところ、著作権は財産権の一種であることから、放棄についても譲渡と同様に可能というのが一般的な見解となっています。その方法としては、契約書を作成したり、著作物そのものに記載するなどして、「著作権を放棄する」との意思表示をすればよいとされています。

　ただし、著作権者が著作権放棄の意思表示をしていたとしても、すべての権利を放棄できるわけではありません。

まず、著作権の中で複製権や上演権といったものに担保（質権など）が設定されている場合が挙げられます。この場合、著作権者が著作権を放棄してしまうと、担保権者が債務の回収をすることができなくなってしまうおそれがありますので、放棄は認められません。

　また、著作権には、複製権や公衆送信権など著作権者の財産的利益に関する著作財産権（狭義の著作権）の他に、公表権や氏名表示権といった著作者の人格的利益（名誉など）に関するものがあります。これを著作者人格権といいます。

　著作者人格権については、著作者本人にのみ専属するものとされ、譲渡も認められていません（著作権法59条）。したがって、著作者人格権を放棄することもできないというのが一般的な見解です。ただ、著作権を放棄もしくは譲渡した後も著作者が著作者人格権を持っているということになると、著作物の利用に際して不都合が出てくることもあります。このような場合に、著作者が「著作者人格権を行使しない」との意思表示をすることは可能とされています。

■ **著作権を放棄できない場合** ………………………………………

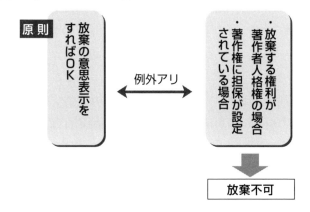

第5章

プログラムや
ソフトウェアと著作権

コンピュータ・プログラムの著作権は受託者と委託者どちらに帰属するのでしょうか。

創作時には受託者に帰属しますが、委託者に移転させることが可能です。

コンピュータ・プログラムとは、コンピュータを機能させるための指示や処理方法のことで、特定のプログラム言語や規約、解法を用いて記述されています。コンピュータ・プログラムを省略して、単に「プログラム」と呼ぶことが多いです（本書も省略して記述します）。

プログラムの制作は、プログラマーの創作性によるところが多く、開発には多大な時間と労力・費用を要します。その一方で、プログラムのコピーはいとも簡単にできてしまいます。

そうしたことから、経済的価値の高いプログラムを法的に保護する必要性が高まりました。そして、アメリカの著作権法改正に足並みをそろえるように、日本でも1985年（昭和60年）に著作権法が改正され、プログラムも著作物として認められるようになりました。

プログラムはその性質上、他の小説や絵画などの著作物とは異なって表現上の制約があります。こうした性質から、他の著作物とは異なる取扱いがなされています。

① プログラム言語

プログラム言語それ自体には著作権法上の保護が及びません。プログラム言語がプログラムを作成するための手段にすぎず、外部に表したものではないからです。さらに、プログラム言語の用法についての約束事（規約）の他、コンピュータに対する指令の組合せの方法（解

法）にも著作権法上の保護が及ばないことが規定されています。

② プロトコル

　ネットワーク上のやりとりの基準を定めているプロトコル（ネットワークを通じて通信を行う際の約束のこと）は、前述した「規約」に該当し、著作権法上の保護を受けることができないとされています。

●プログラムの著作者人格権はどのように保護されるのか

　プログラムの著作物については、その性格上、著作者人格権のひとつである同一性保持権については、他の表現物と同等の保護を受けられない場合があります。

　たとえば、プログラム上のバグ（プログラムに生じる不具合のこと）を修正する改変を行った場合や、特定のOSでのみプログラムが動作する場合に、他のOSでも動作するようにプログラムを書き換えた場合です。これらの場合は、著作者が本来持っている同一性保持権は保護されません。したがって、このような改変は、著作者の承諾を得なくても行うことができます。プログラムをバージョンアップする際の改変も、著作者の承諾を得ずに行うことができます。

●プログラムの著作権は受託者と委託者どちらに帰属するのか

　プログラムの作成について委託契約を結んだ場合、プログラムの著作権は原則として受託者である開発者がもちます。著作物を作り出した時点では、その著作物を作り出した人（著作者）に著作権が帰属することからも明らかです。

　委託者がプログラムの著作権を得るためには、委託契約の締結時に、受託者が作成したプログラムについては、著作権を委託者に譲渡する内容の条項を盛り込む必要があります。ただし、この場合でも、著作者人格権は受託者に帰属したままとなります。また、翻訳・翻案権、二次的著作物の利用に関する原著作者の権利は、譲渡する内容の記載がない限り譲渡されないものとされます。これらの権利も委託者に譲渡する場合には、契約時に明記する必要があります。

●プログラム登録とはどんな制度か

　プログラムの著作物を作成した者（著作者）は、創作（作成）年月日、第1発行年月日、実名、著作権（著作権の移転の場合など）について登録ができます。とくに創作年月日の登録により、裁判の際にプログラムがいつ作成されたのかを証明できるメリットがあります。ただし、登録ができる期間は、プログラムの作成から6か月以内に限られます。自分が作成したプログラムの創作年月日を証明すべき状況になった場合に備え、プログラム登録を利用するのが賢明といえます。

　なお、令和3年からプログラム登録がされた著作物の著作権者などの利害関係人が、自らが保有する記録媒体に記録されたプログラムの著作物がそのプログラム登録がされた著作物であることの証明を請求できる制度が導入されました（プログラム登録に関する証明の請求）。

■ コンピュータ・プログラムの著作権の特徴 ………………………

職務著作の要件	プログラムは大半が法人内で開発されるため、職務著作の要件のうち「法人名義での公表」の要件は不要とされている
同一性保持権	プログラムは、バージョンアップされることが多いので、著作者の許諾を得なくても、必要な改変や書き換えができる
バックアップの必要性	プログラムのユーザーは、著作権者の許諾を得なくても、バックアップのためのコピーをとることができる
海賊版の使用	海賊版（許可を得ずに複製されたもの）であることを知った上で取得し、業務上使用する行為は、著作権の侵害行為とみなされる
登録制度	プログラムには未公表のものが多いため、第1発行年月日の登録だけではなく、創作年月日の登録もできる制度が用意されている

UML図は著作権法や特許法で保護されるのでしょうか。

著作権法違反となるのは、アイデアではなく著作物そのものについてです。

オブジェクト指向のソフトウェア開発システムをモデル化する際には統一された表記法を利用します。この表記法を規定した言語がUML（Unified Modeling Languageの略）です。UMLは統一モデリング言語と呼ばれ、プログラムの設計図として扱われています。UMLは実際には図と言語の組み合わせでできています。たとえば、UML図に独自のアイデアがあり、そのアイデアを実現するために、実際にソースコードで記述したと仮定します。この場合、アイデアそのものは特許法上の保護の対象となります。しかし、そのアイデアを元に記述されたソースコードは、アイデアではなく表現物（著作物）ですから、著作権法上の保護の対象となります。その際、元となるアイデアを考え出した人が作成したソースコードとは異なる記述で、他者が同じアイデアを実現するソースコードを作成したとしても、アイデアを考え出した人は、その他者に対して、著作権法上の権利を主張することはできません。

なお、アイデアを考えた人と同じソースコードを他者が偶然に記述された場合、著作権侵害とはなりません。一方、先に特許法上登録されているアイデアがある場合、他者が独自の研究を進めていて偶然同じアイデアを作り出したとしても、そのままそのアイデアを使うと、特許権の侵害となります。

LANでの送信は認められるのでしょうか。

同一構内のLANによるプログラムの著作物以外の著作物の送信は、公衆送信権侵害にあたりません。

　ソフトウェアを開発する上で注意すべき著作権のひとつに「公衆送信権」があります。インターネット上に著作権者の許諾を得ずに著作物が配信された場合は、公衆送信権を侵害するかが問題となります。

　著作権法では、「電気通信設備で、その一の部分の設置の場所が他の部分の設置の場所と同一の構内にあるものによる送信」が公衆送信に該当しないことを明示しています。たとえば、会社の事務所内のコンピュータを使用していて、同じ事務所内（異なる事務所は同一構内ではありません）のネットワーク上に著作物を配信した場合には、同一構内のLAN（複数のコンピュータを接続してデータを共有するためのネットワークのこと）による著作物の配信となるだけで、公衆送信に該当せず、これを行っても公衆送信権の侵害にあたりません。

　ただし、プログラムの著作物については、LAN上にプログラムを送信することを認めると、LAN上にあるサーバーにプログラムを送信し、多数の者がこれを利用することを認めることになり不都合が生じます。著作権法では、こうした不都合を回避するために、著作物を同一構内のLAN上に送信しても、それがプログラムの著作物である場合は、公衆送信に該当するとしています。したがって、プログラムの著作物はLAN上への送信も公衆送信権侵害の問題が生じます。

パッケージソフトの複製・翻案は無制限に認められるのでしょうか。

無制限に認められるわけではありません。

　パッケージソフトを販売した場合における購入者は、自身が購入したプログラムの複製物をどこまで複製・翻案ができるのでしょうか。

　ソフトウェアを開発してパッケージソフトとして販売した場合、販売しているソフトウェアそれ自体は、著作物そのものではなく著作物の複製物となります。つまり、パッケージソフトの購入者は、プログラムの著作物の複製物の所有者ということになります。

　ソフトウェアの複製物の所有者（購入者）による複製・翻案については、滅失・毀損に備えてバックアップをする目的や、バグの修正や機能追加などのバージョンアップをする目的で、その複製物の複製・翻案をすることが認められています。プログラムの著作物における翻案は、その内容を改変することを指します。

　ただし、購入者に認められる複製権・翻案権は、無制限に認められるものではありません。たとえば、購入したソフトウェアを著作権者に無断で複製・翻案した上で販売することは認められません。

　また、ソフトウェアを他人に譲渡する際、手元にソフトウェアのコピー（複製物）を残しておくこともできません。ソフトウェアを他人に譲渡すること自体は可能ですが、譲渡する場合には、譲渡人が自ら使用しているコンピュータ上などから、そのソフトウェアのすべてを削除・破棄（CD-ROMの破棄など）しなければなりません。

Q5

存在するプログラムをもとにして新しいプログラムを作成することは著作権侵害にあたるのでしょうか。

元のプログラムをマネしたと判断されると、著作権侵害の問題が生じます。

　同じ記述によるプログラムを他者が作成しても、他者が元のプログラムをマネした（元のプログラムに依拠しており、両者の本質的部分に同一性がある）のでなければ、著作権侵害の問題は生じません。また、他者がマネしたつもりでも、元のプログラムと似ていない（元のプログラムに依拠しておらず、両者の本質的部分に同一性がない）プログラムが完成した場合も、著作権侵害の問題は生じません。

　たとえば、在庫管理プログラムの著作権侵害が争われた裁判では、平均的なプログラマーであれば簡単に作成できるプログラムの内容だという理由だけで、直ちにそのプログラムに創作性がないとは判断できないと述べています。また、ハードウェアを直接制御するプログラムの著作権侵害が争われた裁判では、プログラムの著作物についての著作権侵害の判断は慎重に行う必要があると述べています。

　プログラムに用いられる記号は利用可能なものが限定され、その文法も厳格に定められていることから、プログラムを構成する指令の組み合わせは似たものになりがちです。このため、裁判では慎重な判断を行っているようです。とくにハードウェアを直接制御するプログラムに関しては、著作権侵害になりにくいという実情はありますが、既存のプログラムを元にして新しいプログラムを作成する場合は、著作権侵害について十分注意する必要があるといえるでしょう。

パソコンの画面上に表示されるソフトウェアの表示画面は、著作物なのでしょうか。

美術の著作物もしくは図形の著作物に該当する場合があります。

ソフトウェアは、プログラムの著作物に該当することで、著作権法による保護の対象となりますが、すべてのソフトウェアがプログラムの著作物に該当するわけではありません。ソフトウェアがプログラムの著作物と認められるには、その前提として、「電子計算機を機能させて一の結果を得ることができるようにこれに対する指令を組み合わせたものとして表現したもの」という著作権法上のプログラムの定義に該当することが必要です。つまり、指令を組み合わせたものとしてプログラム言語で表現されているもので、その表現に著作者の個性が表れているもの（表現に創作性がある）が該当します。

ソフトウェアの表示画面のためのプログラムが、上記のプログラムの定義に該当する場合には、プログラムの著作物として認められるのが原則です。しかし、表示画面それ自体はプログラムではないため、プログラムの著作物には該当しません。

もっとも、ソフトウェアの表示画面は、美術の著作物もしくは図形の著作物に該当する場合があります。似たような表現になりがちなソフトウェアの表示画面であっても、表示画面にどのような項目をどう表現するか、という点で著作者が工夫して作成しており、個性が表れているものであれば、著作物として認められます。

他人が作成したプログラムをRAMに蓄積した場合、そのプログラムの著作権者が有する複製権を侵害したことになるのでしょうか。

RAMへの蓄積は複製に該当せず、複製権の侵害には該当しません。

　他人が作成したプログラムの著作物を著作権者の許諾を得ることなく複製した場合、原則として複製権の侵害に該当します。

　プログラムの著作物の複製とは、たとえば、ソフトウェアをパソコン内のハードディスクにコピーする場合です。同じように、USBメモリやCD-ROM、あるいはDVD-ROMなどの外部記憶装置にプログラムの著作物をコピーした場合も複製といえます。

　これに対し、RAMにプログラムを蓄積しても、ハードディスクやUSBメモリなどに蓄積した場合とは異なって、著作権法上の複製にはあたらないとされています。RAMとは、コンピュータの主記憶装置（メインメモリ）に利用されるものですが、コンピュータの電源を切ると、RAMに記録されたデータは消失します。したがって、RAMにプログラムを蓄積させても、その後に反復して使用される可能性は低いといえます。

　著作権の中でも複製権が重要視されているのは、複製されたものが市場に出回ると著作権者の財産上の利益が害されるからです。しかし、RAMにプログラムの著作物が蓄積されても、こうした結果には結びつきにくいといえます。そのため、他人のプログラムの著作物をRAMに蓄積しても、著作権者が持つ複製権の侵害にはならないのです。

ユーザーインターフェース（UI）が似ている場合、著作権法上の問題が生じるのでしょうか。

UIが似ているという程度では、著作権法上の問題は生じにくいです。

ユーザーインターフェースとは、利用者（ユーザー）と製品やサービスとの接点（インターフェース）のことで、一般にUIと呼ばれています。具体的には、利用者とコンピュータとの間で情報のやり取りをするための方法、操作、表示などのしくみを広く指します。ソフトウェアのUIが似ている場合、著作権侵害となるのでしょうか。

ソフトウェアのUIは、利用者となる人が違和感なく操作できるようなものにしなければならない、という制約があります。そのため、同一ジャンルのソフトウェアのUIと似たようなものになりやすく、作成者の創作性を発揮できる部分が少ないという特徴があります。

したがって、UIに関しては、創作性がないとされ、著作物にあたらないと判断されることが多いのが現状といえます。もっとも、前述した画面表示もUIの構成要素ですが、これが著作物として認められる余地はあります。これに対し、レイアウトや色の使い方に関しては、アイデアにとどまるので、それ自体は著作物といえません。

なお、令和元年成立の意匠法改正により、UIが意匠法に基づく保護の対象に追加されました。画期的なUIの作成に成功し、法的保護を受けようとする場合は、従来から可能とされている特許法上の保護の他、意匠法上の保護を受ける方法を検討するのが現実的でしょう。

他人のアイデアの模倣やリバースエンジニアリングは著作権の侵害行為にあたるのでしょうか。

どちらも著作権の侵害行為に該当しません。

　著作権はアイデアを保護する制度ではないため、たとえ自分のアイデアをマネされたとしても、著作権侵害をされたとはいえません。たとえば、新たな分野を構築したとも評価されうる画期的なアイデアをもとにソフトウェアを開発し、販売したとします。その場合に他者がそのアイデアをマネして別のソフトウェアを作成したとしても、プログラムの記述内容が異なれば、著作権侵害の問題は生じないのです。

　ただし、このような画期的なアイデアを特許出願していた場合は別です。この特許出願が認められ、設定登録を終えた場合には、アイデアに特許権が発生するので、アイデアをマネした他者は特許権侵害となります。この場合、特許権者は自分の権利を守ることができます。

　なお、他者のアイデアを参考とする、という点では、リバースエンジニアリングも同様の問題を含んでいます。リバースエンジニアリングとは、他者の作成したプログラムを分解・解析して、プログラムの構成やしくみ、目的を明らかにする作業です。リバースエンジニアリングによって、他者の作成したプログラムのアイデアを得ることができますが、この作業を行ったこと自体には、著作権侵害の問題は生じません。リバースエンジニアリングという作業は、他者の作成したプログラムを解析する作業であり、他者の著作物の複製などをしているわけではないからです。

124

ソフトウェアのコピーやバックアップをとる際の注意点について教えてください。

ソフトウェアの使用許諾契約を確認し、その内容を遵守して行うことが必要です。

ソフトウェアは購入しても「使用すること」を許可してもらっているだけですから、著作権法や使用許諾契約によって守られている著作権者の権利を侵害しないようにしなければなりません。

使用許諾契約書でコピー（複製）してよい場合や、コピーしてよい数量などが指定されていれば、その範囲でコピーすることは、もちろん認められます。したがって、使用許諾契約書の内容を十分に確認することが必要でしょう。また、使用するのに必要な範囲のコピーも認められます。なお、私的使用目的である場合は、著作権者の許諾がなくてもコピーできますが、その範囲は限定されています。たとえば、企業内におけるコピーは、私的使用目的の範囲を超えていると考えるべきでしょう。

使用許諾契約に従っている場合や私的使用目的の範囲である場合を除いて、ソフトウェアをコピーすることは、原則として著作権侵害に該当します。この場合は、著作権者から損害賠償請求や使用差止請求を受けるだけでなく、刑事罰として懲役刑や罰金刑が科せられる可能性もあります。

●インストールの台数制限について

ソフトウェアのインストールは、著作権法でいう複製にあたります。したがって、インストールも著作権法や使用許諾契約で許された範囲

でしか行うことができません。インストールで問題になる代表的なものは、複数のパソコンを所有する場合に、1つのソフトウェアですべてのパソコンにインストールしてよいか、という点です。

　ソフトウェアに限らず、著作権者が他人に複製を許諾する場合、その方法や数量を指定することがあります。上記の問題も同様に、著作権者がどのような許諾を与えているかにかかってきます。たとえば、家電量販店などで販売されているパッケージソフトを見ると、「1パッケージ1台のパソコンにのみインストールを認める」「同時に使用することがない複数のパソコンにインストールすることを認める」という例が多く見られるようです。

　いずれも、複数の人による同時使用などを制限する目的からの使用許諾契約の条項です。これが著作権者の許諾した複製の方法や数量ですから、この範囲を超えると著作権侵害の問題が生じます。

●ソフトウェアのバックアップについて

　ソフトウェアは、CD-ROM、DVD-ROM、USBメモリなどの媒体（メディア）の他、販売業者のWebサイトからデータをダウンロードする形式などにより提供されます。正規に購入して、使用許諾契約を遵守してインストールしても、パソコンの故障などで再度インストールするときには、これらの媒体やデータが必要ですが、滅失・破損により使えなくなることが考えられます。このような事態に備えて行うのがバックアップですが、これも著作権法上は複製にあたります。

　ソフトウェアのバックアップは、滅失・毀損に備える目的であれば、著作権法上は著作権者に無断で行うことができると考えられます。ただ、購入者がダウンロードの形式でデータの提供を受けた場合など、バックアップの必要性が高くないケースもあります。使用許諾契約で「破損・滅失の場合は再度提供するので、バックアップを禁止する」としているものもありますから（この場合にバックアップをとると少なくとも契約違反となります）、購入時に確認するようにしましょう。

違法コピーされたソフトウェアを購入すると、どうなるのでしょうか。

インストールして使うことなどが著作権侵害の問題を生じさせます。

　本ケースの場合は、購入した時点で違法コピー（違法複製物）であるという事実を知っていたか否かによって変わります。

　まず、違法コピーを知りながら購入した場合、購入者が、違法コピーのソフトウェアをインストールして使うことや、滅失・毀損に備えてバックアップすることは、複製権侵害にあたります。また、購入したソフトウェアの媒体（CD-ROM、DVD-ROM、USBメモリなど）を頒布する（公衆への譲渡や貸与のこと）ことは、譲渡権侵害にあたります。

　これに対し、違法コピーを知らずに購入した場合、購入者が、違法コピーのソフトウェアをインストールして使うことなどは、著作権侵害にあたりません。しかし、違法コピーであるという事実を知った後に、さらに使用するためにインストールすることなどは、複製権侵害にあたります。また、違法コピーであるのを知りつつ他人に頒布する行為は、譲渡権侵害にあたります。

　したがって、購入後に違法コピーだと知った場合も、直ちにインストールしたソフトウェアの使用を止めて（アンインストールをして）、改めて正規品を購入するという対応が必要となるでしょう。

　なお、著作権法がない国もあり、それを利用した違法コピーの例もありますが、そのようなものは輸入できないことになっています。

インターネット上で公開されているフリーソフトと著作権との関係について教えてください。

フリーソフトも著作物であり、著作権法上の保護を受けていることに留意が必要です。

インターネット上で公開され、使いたい人がダウンロードする形式のソフトウェアのことをオンラインソフトといいます。オンラインソフトは、有償無償の違いや、著作権のあり方によっていくつかに区分できます。たとえば、無償での利用を認めるオンラインソフトには、「パブリックドメインソフト（PDS)」「フリーソフト」などがあります。パブリックドメインソフトは、著作権者が著作権を放棄したものですから、利用者は自由に改変したり、その改変したものを頒布することができます。ただし、著作者人格権を侵害するような改変や頒布は認められません。これに対し、フリーソフトは、著作権者が著作権を放棄していません。したがって、改変や頒布を認めるか、個人利用の場合に制限するかなどは、フリーソフトの著作権者の意思にかかってきます。たいていは使用条件を明示していますから、その条件に従って利用する必要があります。

なお、「シェアウェア」は一定の機能制限内もしくは一定の期間内に限って無料での使用を認め、機能制限の解除や期間経過後の使用を希望する場合は、使用料を支払うことを必要とするものです。これも著作権は放棄されていませんので、先にお金を支払うか、試用してから支払うか、という点以外は、パッケージソフトと同じように考えたほうがよいでしょう。

会社において複数人で作成したソフトウェアの著作権の帰属はどうなるのでしょうか。

職務著作にあたる場合は会社に帰属し、それ以外の場合は作成者に帰属しますが、著作権は譲渡が可能です。

　著作権は、著作物が作成（創作）された時点で、まず著作者に帰属します。著作者とは、著作物を作成した者ですから、ソフトウェアの著作者は、会社ではなく、実際に作成した者になるのが原則です。

　しかし、会社の業務命令に基づき、その会社の従業員が業務としてソフトウェアを作成した場合には、その作成が会社の発意に基づいており、会社の業務に従事する人が職務上作成していることから、会社が著作者になることも考えられます（職務著作、83ページ）。

　これに対し、従業員以外の者が会社から委託を受けて、会社内でソフトウェアを作成している場合は、職務著作に該当しないと判断される可能性が高いです。この場合、ソフトウェアを作成した者が著作者となりますが、著作権は他人への譲渡が可能です。たとえば、作成者と会社の間で、あらかじめソフトウェアの著作権を会社に譲渡することを内容とする契約を結んでおくことが考えられます。

　また、作成者が著作者となる場合、本ケースでは複数人によってソフトウェアが作成されているので、その関与の度合いに応じ、2人以上の人が著作者となる場合（共同著作者）もあり得ます。複数のプログラムを組み合わせたような場合は、それぞれのプログラムの著作者に著作権が個別に発生することも考えられます。

ソフトウェアと特許・商標・意匠との関係について教えてください。

アイデア・マーク・UIは、特許・商標・意匠として保護される場合があります。

　ソフトウェアそれ自体は、プログラムの著作物に該当すると判断されれば、著作権法で保護されます。しかし、そのソフトウェアで応用されている技術的なアイデアは、著作物に該当しないため、著作権法では保護されません。このようなアイデアは、特許を取得することにより、特許法で保護されるものです。他人が特許を取得しているアイデアを利用してソフトウェアを作成する場合は、その他人（特許権者）から許諾を得る必要があります。また、ソフトウェアの起動時などに画面に表示されるマーク（会社のロゴなど）も、プログラムの著作物に該当しません。マークは商標として、商標法で保護されるものです。特許と同様に、他人が商標を取得しているマークを利用する場合は、その他人（商標権者）から許諾を得る必要があります。

　ソフトウェアの画面表示やUI（ユーザーインターフェース）は、著作物に該当する余地はあるものの、創作性がないと判断され、著作物と認められるケースは少ないと考えられます。もっとも、令和元年成立の意匠法改正で、UIが意匠法の保護対象に追加されたので、UIに関しては、特許の取得の他、意匠の取得も検討する余地があります。

　なお、著作権は、作成（創作）するだけで発生する権利ですが、特許や商標は、特許庁に対して出願の手続きを行い、設定登録がされない限り、権利（特許権や商標権）として保護されません。

ファイル共有ソフトには、どのような問題点があるのでしょうか。インストールすること自体が違法となるのでしょうか。

ファイル共有ソフトには著作権侵害などの問題点がありますが、インストール自体は違法ではありません。

不特定多数の人とインターネット上でファイルを共有し、交換し合うことができるソフトウェアをファイル共有ソフト（ファイル交換ソフト）と呼びます。かつてはWinnyやWinMXなどが代表的なものでしたが、現在でもファイル共有ソフトは存在します。また、クラウドサービスが提供するソフトウェアがファイル共有機能を有しており、これがファイル共有ソフトの役割をもつことがあります。

ファイル共有ソフトは、利用者同士が持っているファイル（ソフトウェア・音楽・映画などのデータ）を交換という形で無償でダウンロードができます。これだけ見ると、友人同士でのCDの貸し借りと大差ないように思えますが、不特定多数の人が参加してファイルを共有すると、その種類や量は膨大になります。その膨大なファイルを自由に、しかも無償でダウンロードができるとなれば、正規品を購入する人がいなくなることにもつながりかねません。たとえば、ファイル共有ソフトを利用して著作物にあたるファイルを共有することは、その著作権者の権利を侵害することにつながる可能性があります。その意味で、ファイル共有ソフトには問題点があるとされています。

ファイル共有ソフトには開発者がいます。ファイル共有ソフトを開発すること自体は、法律に触れる行為ではありません。現在に至るま

で、たくさんのファイル共有ソフトが開発され、その多くがフリーソフトとして無償でダウンロードできるように公開されています。

しかし、2004年にWinnyの開発者が著作権侵害の幇助（犯罪の手助けをすること）の容疑で逮捕・起訴されました。Winnyの利用者が著作権侵害の罪で逮捕されたのを受け、その場を提供したWinnyの開発者がこれを幇助した疑いがあると判断されたのです。その後、京都地方裁判所で行われた第一審では有罪判決が言い渡され、開発者に罰金刑が言い渡されました。しかし、大阪高等裁判所で行われた控訴審では開発者に無罪判決が言い渡され、この無罪判決が2011年に最高裁判所で確定しました。Winnyを悪用して著作権侵害が行われることを開発者が推定できたとしても、それだけでは著作権侵害を幇助したことにはならないと判断されたのです。

●インストールすること自体は問題ない

公開されているファイル共有ソフトをインストールする自体は、とくに問題ありません。また、ファイル共有ソフト上で、利用者が自ら作成したデータを交換し合うのであれば、自らが有する著作権に基づいて行っている（著作権者が有する複製権や公衆送信権などを自ら行使している）わけですから、これも問題がないことになります。他人が創作したソフトウェア、音楽、絵画、漫画、映画などの著作物のファイルを登録するような行為をしなければ、著作権侵害の問題が生じることはなく、便利なソフトウェアとして活用できます。

なお、著作権侵害のファイルをダウンロードする行為（違法ダウンロード）について、従来は、録音・録画された有償のファイル（音楽や映像の有償のファイル）の違法ダウンロードのみが罰則の対象でした。しかし、著作権法改正に伴い、令和3年1月以降は、すべての著作物にあたる有償のファイルの違法ダウンロードが罰則の対象になっています。ファイル共有ソフトを利用する際は、著作権侵害の疑いのあるファイルをダウンロードしないようにしなければなりません。

16

自分のためにソフトウェアのバックアップをとったが、後日ソフトウェアを譲渡したらどうなるのでしょうか。

自分のためにバックアップをとることは認められますが、譲渡時には削除・破棄しなければなりません。

　著作物にあたるソフトウェアを購入し、自分のパソコンにインストールしたり、バックアップをとったりするのも複製にあたります。しかし、ソフトウェアは自分のパソコンにインストールしなければ使えず、バックアップは購入したソフトウェアの破損・紛失に備えるために必要です。この点を考慮し、著作権法47条の3では、プログラムの著作物の複製物（ソフトウェアも複製物にあたります）の所有者による複製に関する特則を設けています。

　この規定により、正規品のソフトウェアの購入者は、自らソフトウェアをパソコンなどで実行するのに必要な限度で、そのソフトウェアを複製することが認められます。したがって、自分が所有するパソコンへのインストールや、自分が所有する媒体（CD-ROM、DVD-ROM、USBメモリなど）へのバックアップは、著作権者の許諾なく行っても著作権侵害とはなりません。

　もっとも、ソフトウェアの著作権者とユーザーとの間で締結される使用許諾契約（ライセンス契約）の中に、インストール台数の制限条項やバックアップの禁止条項などがある場合には、その条項を遵守しないと契約違反にあたりますので注意が必要です。

●パッケージ版のソフトウェアを第三者に売却する場合

　著作権法47条の3では、滅失以外の事由でソフトウェアの所有権を失った人は、ソフトウェアのコピーを削除・破棄しなければならないと定めています。したがって、第三者に売却するときは、パソコンからソフトウェアを削除（アンインストール）するだけではなく、バックアップをとった媒体を破棄するなどして、手元にソフトウェアのコピーを一切保存していない状態にしなければなりません。

　なお、正規品であるパッケージ版のソフトウェアを譲渡すること自体は、著作権侵害にあたりません。しかし、使用許諾契約で譲渡禁止条項がある場合には、第三者への譲渡が契約違反にあたりますので注意が必要です。

　これに対し、ダウンロード版のソフトウェアの売却は、パッケージ版と異なり、必然的にソフトウェアの複製もしくは公衆送信を伴うため、著作権者の許諾がない限り、著作権侵害にあたるといえます。したがって、購入したダウンロード版のソフトウェアを第三者に売却することはできないと考えておくべきでしょう。

■ ソフトウェアを売却する場合の注意点 ……………………………

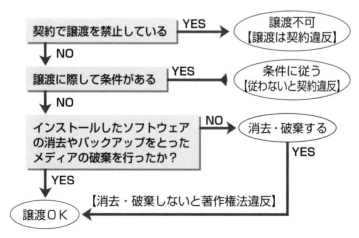

会社で使っているソフトウェアを私的使用のために自宅のパソコンにインストールした場合、著作権侵害にあたるのでしょうか。

私的使用目的などに該当せず、著作権侵害にあたります。

著作物を複製する場合は、原則として著作権者の許諾が必要です。ソフトウェアは、その多くがプログラムの著作物にあたりますから、これをインストールして使用するには、原則として著作権者の許諾が必要です。

ただし、例外として、著作物を私的使用目的（個人的にまたは家庭内その他これに準ずる限られた範囲内で使用する目的）で複製する場合は、著作権侵害にあたりません。また、私的使用目的かどうかを問わず、ソフトウェアの購入者が、自らパソコンなどで実行するために複製することも、著作権侵害にあたりません。

このケースの場合、自宅のパソコンにインストールした人が自らソフトウェアを購入していれば、私的使用目的などで複製していることになり、著作権侵害の問題は生じません。しかし、ソフトウェアを購入しているのは会社です。そして、会社という営利を追求する団体が私的使用目的で複製する状況は起こり得ません。さらに、ソフトウェアの購入者以外の人がパソコンなどで実行するためにインストールすることは、上記の例外にあたりません。

したがって、会社のソフトウェアを自宅に持ち帰ってインストールした場合には、私的使用目的かどうかに関係なく、著作権侵害となります。

Question 18

ソフトウェアのコピープロテクトを解除したらどんな問題があるのでしょうか。

 私的使用目的であっても、コピープロテクトを解除してのコピーは著作権侵害にあたります。

コンピュータを動かす機能を持つプログラム（ソフトウェア）は、COBOLやFORTRAN、C言語、Java、ASPなどさまざまな言語で開発されていますが、そのほとんどが英文字や数字、記号の組み合わせで作成されています。このため、おもに芸術的なものを対象とする著作物にはあたらないのではないかと思われがちですが、著作権法ではプログラムも著作物のひとつとして例示しています。したがって、プログラムも著作権者の許諾なく複製したり販売したりすれば、著作権侵害の対象となる可能性を持っているわけです。

ただ、すべてのプログラムが著作物として扱われるかというとそうではありません。著作権法10条3項では、プログラムについて「プログラムの著作物に対するこの法律による保護は、その著作物を作成するために用いるプログラム言語、規約及び解法に及ばない」と規定しています。つまり、プログラム言語自体とプログラム言語の使い方についての特別の約束（規約）、コンピュータに対する指令の組み合わせの方法（解法）については、著作物にはならないということです。たとえば、従業員名簿のプログラムを作成するために、COBOLという言語を使うとします。COBOLでは①見出し部、②環境部、③データ部、④手続き部という順番でプログラムを組み立てることになっており、

手続き部では、データを読んで必要な項目を抽出し、リストに印字するという命令を出します。このうち、手続き部の命令の表現方法などに創作性があれば著作物と認められる可能性がありますが、COBOL言語そのものと①〜④の順番で構成するという規約、データを読んでリストを作成するという解法については著作物にあたらないということになります。その意味では、プログラムの中で著作物として扱われる部分はそれほど多くないといえるかもしれませんが、どの部分が創作性のある表現と認められるかがわからない場合には、コピーなどの行為を行う前に著作権者に確認を取ったほうが無難でしょう。

●コピープロテクトを解除してのコピーは著作権侵害にあたる

　コピープロテクトとは、プログラムなどの著作物に対し、著作権者以外の人によるコピーができないように施す、いわば「鍵」のようなしくみで、著作権法では「技術的保護手段」と名づけられています。

　著作権法では、私的使用目的による複製を認めていますから、その範囲内であればコピープロテクトを解除してコピーしても問題ないと思われるかもしれません。しかし、コピープロテクトが施されているということは、著作者が私的使用目的を含めた複製を認めていないことを意味します。したがって、専用のソフトウェアなどを使って、コピープロテクトを解除してコピーすることは、たとえ私的使用目的であっても著作権侵害にあたります。

■ 私的使用目的による著作物のコピー ……………………………………

コピープロテクト有　→　コピー　→　NG

コピープロテクト無　→　コピー　→　OK

Column

図書館関係の権利制限規定の見直し

　図書館関係の権利制限規定については、従来からデジタル化・ネットワーク化に対応できていない部分があるとの指摘がされていましたが、新型コロナウイルス感染症の流行に伴う図書館の休館等によって、インターネットを通じた図書館資料へのアクセスへのニーズが高まりました。そこで、民間事業者によるビジネスを阻害しないよう十分注意しつつ、デジタル・ネットワーク技術を活用した国民の情報アクセスを充実させる必要が生じ、令和3年に以下の改正が行われました。

　まず、①国立国会図書館による絶版等資料のインターネット送信について、国立国会図書館が、絶版その他これに準ずる理由により入手困難な資料（絶版等資料）のデータを、図書館等だけでなく、直接利用者に対しても送信できるようになりました。

　次に、②各図書館等による一般に入手可能な図書館資料（新刊書など）のメール送信等について、図書館等が、現行の複写サービスに加え、正規の電子出版等の市場を阻害しないこと（権利者の利益を不当に害しないこと）、データの流出防止措置を講じることなどの一定の条件をクリアした上で、調査研究目的で、図書館資料を用いて著作物の一部分をメールなどで送信できるようになりました。なお、メール送信等の際には、図書館等の設置者が権利者（実際には指定管理団体）に補償金を支払うことを求めることになります。

　①の国立国会図書館による絶版等資料のインターネット送信の改正については、公布日（令和3年6月2日）から1年を超えない範囲内で政令で定める日に施行されます。②の各図書館等による図書館資料のメール送信等の改正は、公布日から2年を超えない範囲内で政令で定める日に施行されます。

第6章

著作隣接権をめぐる法律知識

著作隣接権とはどのような権利なのでしょうか。

著作者以外で著作物の価値を高めた人の権利を保護する制度です。

　著作者以外にも、その周辺で著作物の価値を高めることに貢献する人たちがいます。著作権法はそのような人々にも一定の保護を与えています。

　著作物を生み出した者には、生み出した時点で著作権が与えられます。著作物は人間の創作による知的財産として、法的に保護するだけの価値が認められるからです。

　ただ、著作物は、一般には著作者の手だけによって世の中に出されるわけではありません。たとえば、シンガーソングライターが制作した楽曲は、コンサート会場で自ら歌うだけでなく、レコード会社によってCD化されたり、有線放送で流されたりして、世の中に広められます。また、同じ演劇の脚本であっても、異なる演出家や俳優が手がけると、その出来栄えもかなり違ったものになってきます。

　このように、著作物を世の中に広めるにあたって、その著作物の周囲にあって活動する者（人間や会社などの法人）を無視することはできません。彼らの活動によって、その著作物の価値が一層高められ、文化の発展にも貢献するからです。そして、これらの創作に準じるような活動に対して認められた権利が著作隣接権です。

　著作権法は、著作権とは別に著作隣接権について規定し、一定の法的保護を与えています。

●著作権と著作隣接権は別個独立の権利である

著作権法上、著作権と著作隣接権は別個独立の権利として扱われています。そのため、1つの著作物について著作権と著作隣接権が別々の者に帰属している場合に、第三者がそれを利用するときは、著作権者と著作隣接権者の双方から許諾を得ることが必要になります。

たとえば、シンガーソングライターAが作詞・作曲して歌った曲をレコード会社BがCD化している場合、そのCDをコピー（複製）するためには、AとBの双方の許諾が必要になるのです。

●著作隣接権にはさまざまな種類がある

現代社会では、著作物をさまざまな手法で世の中に伝達することができます。また、文化の発展に伴い、新たに創作を加えて、元の著作物により一層の価値を加えることも可能になってきました。そのため、著作隣接権といっても、さまざまなものが認められています。具体的には、以下のものがあります。

① 実演家の権利

俳優、舞踏家、演奏家、歌手、落語家、指揮者などの実演家に認められる権利です。譲渡権、貸与権、録音・録画権、放送・有線放送権、送信可能化権、放送の二次使用料を受け取る権利、貸レコードについて報酬を受ける権利が認められています。

② CD製作者の権利

現実的には、レコード会社の権利だと思えばよいでしょう。CD製作者には、複製権、譲渡権、貸与権、送信可能化権、放送の二次使用料を受け取る権利、貸レコードについて報酬を受ける権利が認められています。前述したCDのコピーについて、レコード会社の許諾が必要とされるのは、CD製作者が著作隣接権としての複製権を持っているからです。

③ 放送事業者の権利

テレビやラジオの放送局がもつ権利です。複製権、放送権、再放送

権、送信可能化権、テレビジョン放送の伝達権が認められています。

④　有線放送事業者の権利

　ケーブルテレビ事業者や音楽有線放送事業者などの権利です。複製権、有線放送権、再有線放送権、送信可能化権、有線テレビジョン放送の伝達権が認められています。

●著作隣接権はいつ発生していつ消滅するのか

　著作権の取得に特別な手続が不要であるのと同様、著作隣接権の取得にも手続はいりません。実演、録音・録画（固定）、放送、有線放送といった行為をした時点で自動的に発生します。

　そして、これらの行為があった時から70年の保護期間を経過すると消滅します。なお、著作権の場合と同じく、保護期間の計算は翌年の１月１日から起算します。

　また、著作隣接権を侵害する行為があった場合、著作隣接権者は侵害者に対して、①侵害行為の差止請求、②損害賠償請求（侵害行為によって損害が発生した場合）、③刑事告訴（侵害行為をわざと行った場合）をすることができます。

■　著作隣接権のしくみ ……………………………………………………

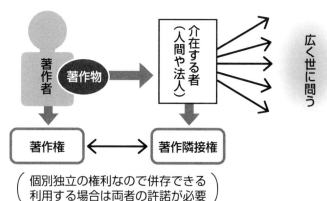

即興で作った音楽を演奏した人とそれを聴いて楽譜にした人がいた場合、その曲の著作権者は誰でしょうか。

即興の音楽を演奏した人が著作権者となります。

音楽の著作物は、楽譜にしたりCDなどの媒体に記録しなくても、著作物として保護されます。即興で作った音楽を演奏しただけでも、その曲は著作物として著作権法上の保護を受けるのです。

そして、その曲の演奏を聴いた人が、その旋律とリズムを、聴いた通りに忠実に楽譜に表現したとしても、それは、聴いた曲を譜面に忠実に再現したにすぎません。聴いた音楽を楽譜にする行為自体には創作性がありません。こうしたことから、音楽を聴いて楽譜にしたとしても、その楽譜には著作物性が認められないと考えられます。

したがって、即興で音楽を作った人が周りに演奏して聴かせた場合、その曲を演奏した時点で、その曲は著作物となり、曲を作って即興で演奏した人が、その曲の著作権者となります。また、演奏者は実演家にあたるので、演奏行為については著作隣接権が認められます。

これに対し、即興の音楽を聴いた通りに楽譜にした人は、その楽譜が著作物に該当しない以上、著作権者とはなりません。そして、聴いた曲を譜面に忠実に再現する行為は複製に該当するため、著作権者の許諾を得ている場合を除き、作成した楽譜は違法複製物となります。

なお、譜面に再現することは録音・録画に該当しないため、著作隣接権を有する実演家の録音・録画権の侵害にはあたりません。

著名なダンサーがダンスを踊った場合に著作物として保護されるのは振り付けとダンスのどちらでしょうか。

 著作物として保護されるのは振り付けです。

　著作権法は、ダンスや伝統芸能の舞を舞踊の著作物として保護しています。著作物と認められるには、創作的であることが必要です。創作的であるか否かを判断する際に、芸術的であることが厳密に要求されるわけではありませんが、裁判においては、ダンスなどの振り付けが著作物にあたらないとしたケースがあります。一方、著作物として保護されるとしても、保護されるのはダンスや舞の振り付けであって、ダンサーや舞手が演じるダンスや舞そのものではありません。ダンスに関連して著作権を持つ可能性があるのは、そのダンスの振り付けをした振付師であるか、振付師から著作権を譲り受けた人です。

　もっとも、振付師がどんなにすばらしい振り付けを創作したとしても、それを実際に演じる人がいなければ、その振り付けを公衆に見せることはできません。振付師が創作した振り付けを体現するダンサーに対し、著作権法が保護の手を一切さしのべていないわけではありません。ダンス自体は著作物とはなりませんが、ダンサーは実演家にあたり、ダンスという実演について著作隣接権を持っています。

　したがって、ダンスに関する著作権や著作隣接権の侵害を回避するためには、利用方法に応じて振付師やダンサーから許諾を得ることが必要です。たとえば、ダンスを披露しているところをビデオ撮影する際は、原則として振付師とダンサーの許諾が必要です。

有名ミュージシャンのライブを録音するのは、著作権や著作隣接権を侵害することになるのでしょうか。

私的使用目的の範囲内であれば著作権や著作隣接権を侵害しません。

ライブ会場での音楽・演奏に関して、音楽については、作詞・作曲をした人（作者）に著作権、レコード会社にCD製作者としての著作隣接権が発生しています。これに対し、演奏については、演奏をしたミュージシャンに実演家としての著作隣接権が発生しています。

そして、ライブを録音する行為は、著作権法上の複製や録音（動画撮影の場合は録画）にあたります（録音・録画は複製にもあたる行為です）。作者やレコード会社は複製権、ミュージシャンは録音・録画権を持っています。したがって、ライブを録音するときは、これらの権利者から許諾を得ることが必要です。

ただし、自分で楽しむだけの目的で録音するのであれば、著作物の私的使用目的の範囲内であり、自宅でテレビ番組を録画して自分で見るのと同様に著作権法上の問題はないということができます。ただし、録音したデータを他人に送信したり、SNSにアップしたりすると、著作権や著作隣接権の侵害になるので注意が必要です。

なお、多くのライブは、チケット購入時に「録音・録画の禁止」といった禁止条項があるのが一般的でしょう。会場でもそうした張り紙があったり、開演前にアナウンスされたりします。この場合、私的使用目的の範囲内だからといって無断で録音をするのは、契約違反の問題を発生させるため、会場から追い出されても文句はいえません。

J−POPの海外版CDの真正品を輸入して日本国内で販売するのは、著作権を侵害することになるのでしょうか。

「音楽レコードの還流防止措置」が適用されて著作権侵害となる場合があります。

　アジアの各地では、日本のアイドル歌手などのCDが、海賊版ではなく正規にライセンスされたCDまで、国内価格に比べてはるかに安く売られているのを見かけます。これを逆輸入してネットオークションなどで売ればビジネスになる、と考えるところでしょう。

　外国で正規にライセンスされた著作物を輸入し、日本国内で販売することは、著作権や著作隣接権の侵害にならないのが原則です。しかし、音楽CD（商業用レコード）については、安価な邦楽CDが大量に逆輸入され、国内の市場に流通することによる著作権者や著作隣接権者の不利益、ひいては音楽産業全体の不利益を防止するため、下記の①〜⑤の要件をすべて満たす場合に、邦楽CDの国内販売を目的とする輸入を著作権侵害とみなす「音楽レコードの還流防止措置」が定められています。これは2004年の著作権法改正で導入されました。

① 国内で先または同時に発行されている商業用レコードと同一の商業用レコードであって、国内における頒布を禁止しているもの
② ①の事実を知りながら輸入する行為である
③ 国内において頒布する目的での輸入である
④ 還流により、権利者の得ることが見込まれる利益（ライセンス料収入）が不当に害される
⑤ 国内で最初に発行されてから４年を経過していない

ゲームソフトも著作物といえるのでしょうか。

ゲームソフトは映画の著作物にもなる場合があります。

　1983年に任天堂から家庭用ゲーム機「ファミリーコンピュータ」が販売されて以来、ゲームソフトは、私たちにとって非常に身近な娯楽のひとつになっています。現在では、家庭用ゲーム機向けのゲームソフトだけに限らず、パソコンやスマートフォン向けのゲームソフトも広く普及しています。

　ゲームソフトを構成しているのは、C++やJavaScriptといったプログラミング言語です。それぞれのゲームソフトには、制作者の独自の工夫や意図といったものが含まれているわけですから、著作権法にいう「プログラムの著作物」として扱われる可能性が高いです。

　さらに、ゲームソフトの特徴として、プログラムを起動することにより、テレビやスマートフォン、携帯ゲーム機などの画面に映像が映し出されることが挙げられます。これらの映像は、映画やテレビドラマ、アニメなどのようにコマをつないで映し出されるものではありませんが、効果としてはほぼ同様です。ゲームソフトの映像化技術は飛躍的に向上しており、その中には映画などと遜色ない高品質のものもあります。また、ゲームソフトはCD-ROMなどの外部記憶媒体やゲーム機本体のハードディスクなどに固定されていますから、著作権法上の「映画の著作物」に該当する可能性もあります。

●パッケージ版の中古ゲームソフトの販売は著作権の侵害か

　ゲームソフトが著作物として認められる場合、それが製作された時点では製作者に著作権が帰属します。そして、著作権者に無断でゲームソフトを複製する、インターネット上に公開する、譲渡する、改変するといったことをすれば、著作権侵害の問題が生じます。

　ところが、パッケージ版のゲームソフト（CD-ROMなどの外部記憶媒体に固定されたゲームソフト）に関しては、中古品を取り扱う業者が多数存在します。「遊ばなくなったパッケージ版のゲームソフトを業者に買い取ってもらい、別のパッケージ版のゲームソフトを購入したことがある」という人も多いでしょう。では、このようなパッケージ版の中古ゲームソフトの売買は著作権侵害とならないのでしょうか。

　ゲームソフトが「映画の著作物」であると認められる場合、著作権者には頒布権という権利が認められます（その代わりに映画の著作物には譲渡権・貸与権が認められていません）。頒布権とは、複製された著作物を不特定多数の人に譲渡・貸与する権利のことで、パッケージ版の中古ゲームソフトを販売する権利もこれに含まれます。このように見ると、パッケージ版の中古ゲームソフトの販売は著作権侵害にあたるように思われます。

　しかし、最高裁判所の判例では、ゲームソフトの場合、最初に正規品であるパッケージ版を適法に販売した時点で、そのパッケージ版に対する著作権者の頒布権は消滅（消尽）するとの判断が出されています。この判断によって、著作権者の許諾を得ずに正規品であるパッケージ版の中古ゲームソフトを買い取って販売しても、著作権侵害にはあたらないことになります。

　もっとも、頒布権が消滅するのは、あくまで個々のパッケージ版のゲームソフトについてであり、無断コピーした中古ゲームソフトを転売する行為は著作権侵害になりますので注意してください。

違法にコピーされたゲームソフトを、それと知りつつ購入することは、著作権を侵害したことになるのでしょうか。

原則として著作権侵害にあたりませんが、ダウンロードを伴う場合は違法ダウンロードとして著作権侵害にあたります。

　ゲームソフトは、通常は、プログラムの著作物であるのと同時に、映画の著作物にも該当すると考えられています。したがって、著作権者に無断でゲームソフトをコピーして販売することは、複製権・譲渡権・頒布権の侵害にあたります。

　これに対して、違法コピーされたゲームソフト（海賊版）を、これを知りながら購入すること自体は、複製・譲渡・頒布をしているわけではないので著作権侵害にあたりません。また、私的利用目的の範囲内で利用することも著作権侵害にあたりません。しかし、海賊版であるのを知りながら頒布目的（販売目的など）で所持することは、著作権侵害行為があったとみなされることに注意を要します。

　なお、インターネット上で違法配信された有償著作物については、原則的には著作権侵害にあたらない私的使用目的であっても、著作権を侵害するような違法配信であることを知りつつダウンロードする行為は、例外的に著作権侵害行為とみなされます。この違法ダウンロードに関して、従来は有償の音楽や映像のみが対象でした。しかし、著作権法改正に伴い、令和3年1月1日以降は、すべての有償著作物が違法ダウンロードの対象に含まれました。

著作権者に無断で公開しているサイトからコンピュータゲームをダウンロードしたら著作権侵害となるのでしょうか。

無断で公開されているのを知りながらダウンロードすることは著作権侵害となる場合があります。

このケースのようなダウンロード版のゲームアプリも、パッケージ版のゲームソフトと同様に、通常は、プログラムの著作物であるのと同時に、映画の著作物にも該当すると考えられます。したがって、他人が創作したゲームアプリを、著作権者に無断でインターネット上に公開し、ダウンロードできる状態にした場合は、著作権侵害（複製権や公衆送信権などの侵害）にあたります。

さらに、ゲームアプリをダウンロードする行為は、たとえ私的使用目的であっても、違法配信された有償のゲームアプリであるのを知りながら行うことが著作権侵害行為とみなされます。この違法ダウンロードに関して、従来は有償の音楽や映像のみが対象でした。しかし、著作権法改正に伴い、令和3年1月1日以降は、すべての有償著作物が違法ダウンロードの対象に含まれました。

したがって、違法に配信された有償のゲームアプリであることを知りつつ、それをダウンロードする行為は、たとえ私的使用目的であっても著作権侵害行為とみなされます。インターネット上で配信されているゲームアプリを購入することは、通常、ダウンロードを伴いますから、違法に配信されている疑いのあるゲームアプリは、たとえ無償であっても購入しないことが求められます。

映画の著作権は誰に帰属するのでしょうか。

映画の著作物の全体的形成に創作的に寄与した者に帰属するのが原則ですが、映画製作者に帰属する場合もあります。

　著作権法では、著作物のひとつに「映画の著作物」を例示しています。一般に「映画」というと、映画館で公開されている映画を連想しますが、映画館での公開終了後にDVDで販売されているものもあれば、テレビ放送が行われたものもあります。また、日本国内の映画館では公開されなかったがDVD化された海外の映画もありますし、映画館での公開を前提としない「Vシネマ」と呼ばれるものもあります。

　これらのうち、どこまでを「映画の著作物」として扱うのかの判断について、著作権法を見ると、映画の著作物には「映画の効果に類似する視覚的又は視聴覚的効果を生じさせる方法で表現され、かつ、物に固定されている著作物を含むものとする」（2条3項）と規定されています。つまり、映画館で公開される映画はもちろん、それと同様の効果を持つDVDなどに収録（固定）されている映像作品もすべて「映画の著作物」に含まれます。

　また、テレビ番組として放映されたドラマやドキュメンタリーなどの映像作品も、映画の効果に類似する視覚的・視聴覚的な効果を生じさせる方法で表現されており、ビデオテープやハードディスクなどに保存（固定）されているので「映画の著作物」として扱われます。

　この他、映像作品として思い浮かぶものとしては、テレビCMや企

業案内の動画、裁判員制度の広報や事故防止の啓発などを目的とした公的機関が制作した動画もあります。これらは映画やテレビ番組ほど時間も長くありませんし、制作者の個人的な思想や感情が介入する余地は多くないといえます。しかし、その中には制作者のさまざまな工夫やこだわりが盛り込まれているため、多くの映像作品が「映画の著作物」として扱われるでしょう。さらに、一般人がスマートフォンなどで動画を撮影し、それを編集するなどしてインターネット上に公開した動画であっても、撮影者の思想や感情が表現されていれば、創作性があり「映画の著作物」になる場合があります。

●**映画の著作権は映画製作者に帰属するのが一般的**

　映画の制作にはさまざまな人がかかわっています。たとえば、映画化の企画立案やスポンサー探しなどを行うプロデューサー、脚本家、制作の指揮を担当する監督、映像を撮影するカメラマン、出演者、美術・衣装などを担当する技術者などが挙げられます。

　通常の著作物であれば、その著作物を創作したすべての者が著作者となります。しかし、映画の著作物の著作者について、著作権法では「制作、監督、演出、撮影、美術等を担当してその映画の著作物の全体的形成に創作的に寄与した者」（16条）が著作者であると定めて、その範囲を限定しています。具体的には、プロデューサー、監督、美術担当者、カメラマンといった人が著作者に該当します。

　ただし、映画の著作物の著作権は、映画製作者に帰属するのが一般的です。これは「著作者が映画製作者に対し当該映画の著作物の製作に参加することを約束しているときは、当該映画製作者に帰属する」（29条）との規定によるもので、現在の映画制作が映画会社からの依頼によって始まることが多いという事情が背景にあるようです。

●**映画配給会社について**

　制作された映画は、映画館で上映される、DVD化して販売・レンタルされる、テレビで放映されるといったことによって初めて届ける

ことができるわけです。

　映画館で上映などを行う権利は、当然その映画の著作権者が持っているわけですが、現在の日本では、この部分を映画制作を行った著作権者ではなく、「映画配給会社」が行っています。映画配給会社とは、売りたいと思う映画を買い付け、上映する映画館などの確保や広告・宣伝、DVD化などの業務をしている会社で、現在の日本では、東宝、東映、ソニーピクチャーズエンターテインメント、ワーナーエンターテイメントジャパンなどがこれにあたります。

　映画の買付けにおいて行われるのは、映像が録画された記憶媒体の受け渡しだけではありません。著作権者から著作権にかかわる行為の権利を購入することが含まれています。たとえば、上映権を購入すればどの映画館でどのぐらいの期間、映画を上映するかといったことを映画配給会社が決めることができますし、頒布権を購入すればDVD化してレンタル・販売などを行うことができるようになるわけです。

　このように、映画配給会社は、上映や広告などの活動をする際に契約金を支払うことで、著作権侵害などの問題を解消しています。これを行わないまま著作権者に無断で配給を行えば、著作権侵害を指摘されます。また、契約を締結していても、許諾を得ていない権利に関する行為をすれば、著作権侵害の問題が生じます。

●ブログなどへの掲載について

　映画やテレビCMの印象的な一コマを抽出してブログなどに紹介した場合、著作権侵害などの問題は生じるのでしょうか。

　映画などの映像は、たとえその１コマがありふれた景色であっても、どの範囲を、どの角度から、どの時間帯に撮影するのかなど、著作者のこだわりや独自の工夫が盛り込まれています。その意味では、たとえ短い瞬間であっても、１コマ１コマが著作物に該当するといえるでしょう。したがって、ブログなどに掲載するためには、著作権者の許諾を得る必要があります。

テレビで放送されたドラマを録画してDVD化して販売するにはどうしたらよいのでしょうか。

そのドラマに関する著作権者と著作隣接権者すべての許諾を得る必要があります。

　このケースは、私的使用目的の範囲を超えるので、ドラマの著作権者が持つ複製権や譲渡権を侵害するとともに、放送事業者が著作隣接権者として持つ複製権を侵害します。

　また、ドラマや映画に出演した俳優が有する権利を侵害することにもなります。著作権法上、俳優は実演家に位置づけられます。実演家は、譲渡権、貸与権、録音・録画権、放送・有線放送権、送信可能化権、放送の二的使用料を受ける権利を持ちます。放送されたドラマや映画をDVD化して販売する行為は、私的使用目的の範囲を超えるので、俳優が持つ録音・録画権や譲渡権を侵害します。

　ドラマや映画をDVDなどに複製して販売する際に、著作権者や著作隣接権者の許諾を得ていれば問題はありませんが、許諾を得なければならない個人や法人は多数に上ります。著作権や著作隣接権の侵害を防ぐためには、全員に許諾を得ておく必要があります。

　なお、テレビで放映されたドラマを録画してDVDに記録したとしても、その目的が自分やその家族が鑑賞するためであった場合は、私的利用目的の範囲内といえるため、原則として著作権や著作隣接権の侵害にはなりません。しかし、当初から販売目的をもってドラマを録画してDVDに記録する行為は、その時点で複製権や録音・録画権の侵害にあたります。

高性能のデジタルビデオカメラで映画館で上映している映画を録画し、自宅に持ち帰り再度見直すために複製することはできるのでしょうか。

私的使用目的であっても「映画の盗撮の防止に関する法律」に違反する場合があります。

　著作権法では、私的使用を目的とする場合の著作物の複製を原則として認めていますから、その部分だけを見れば著作権侵害にはあたらないといえるかもしれません。しかし、実際には映画館では「私的使用目的である」と言って録画をしていたにもかかわらず、後になって海賊版DVDを作成して販売するといった行為が横行しました。映画館側でも入場時に「ビデオカメラ等の持ち込みは禁止」とアナウンスするなどの対応策を講じたものの、盗撮行為はなくなりませんでした。そこで、2007年に「映画の盗撮の防止に関する法律」が制定、施行されました。

　この法律では、観客から料金を受けて上映される映画の録画や音声の録音を「映画の盗撮」と定義し、映画の盗撮に関しては「私的利用を目的とする場合は著作物の使用者が複製することを認める」という趣旨の著作権法30条1項の規定を適用しないとしています。これに違反して映画の盗撮を行うと、10年以下の懲役もしくは1,000万円以下の罰金、またはその両方が科されることになります。この法律の規定は著作権法の規定に優先されます。

　なお、この法律の保護が適用されるのは、観衆から料金を受けて上映が行われた日から8か月の間です。それ以降は通常の著作権法の規定が適用されることになります。

撮影した動画の中に、背景として、上映されている映画が写り込んでしまった場合にはどうなるのでしょうか。

付随対象著作物の利用に該当すれば、映画の映り込みは著作権法に違反しません。

　映画の盗撮など意図的な権利侵害行為ではなく、結果的に他人の著作物を利用するに至った「写り込み」について、著作権法は「付随対象著作物の利用」という規定を置いています。具体的には、事物の影像（神仏や人の姿）や音を複製し、もしくは複製を伴わずに伝達する行為（複製伝達行為）をする際、正当な範囲内で、付随対象著作物を利用することができます。

　ここで「付随対象著作物」とは、複製伝達行為によって作成された物に「写り込み」をした著作物であって、その著作物が軽微な構成部分にとどまるものをいいます。簡潔に表現すれば、「メインの被写体に付随する著作物」のことだと考えてよいでしょう。

　このケースの場合、撮影した動画に上映中の映画が映り込んだとしても、それが動画の軽微な構成部分にとどまる場合には、付随対象著作物の利用として適法となります。たとえば、動画に占める映画の割合が非常に少ない場合などが考えられます。

●令和２年の改正前と改正後との相違点

　付随対象著作物の利用に関しては、令和２年成立の著作権法改正により、その対象行為などが拡大されました（令和２年10月に施行されています）。結果として、著作権や著作隣接権の侵害行為とならない範囲が広がったことになります。

改正前は、写真撮影・録音・録画を行う際の写り込みだけが、付随対象著作物の利用の対象行為でした。しかし、改正後は、写真撮影・録音・録画に限らず、複製伝達行為をする際の映り込みが対象行為となりました。また、改正前は、著作物を創作する過程における映り込みであることが、付随対象著作物の利用に該当するための要件のひとつでした。しかし、改正後は、このような著作物創作要件が削除されたため、創作性がない行為の場面における写り込みも含みます。

以上から、従来は付随対象著作物の利用に該当しなかった、固定カメラでの撮影、スクリーンショット、生配信などを行う際の映り込みが、付随対象著作物の利用に該当して適法となる余地が生じます。

さらに、改正前は、メインの被写体から分離困難な著作物の写り込みだけが、付随対象著作物の利用に該当するとされていました。しかし、改正後は、このような要件を削除し、メインの被写体に付随する著作物であれば、正当な範囲内において、分離困難でない著作物の映り込みも、付随対象著作物の利用に該当することになりました。

■ 付随対象著作物の利用の対象行為などの拡大 ⋯⋯⋯⋯⋯⋯⋯⋯⋯⋯

	令和２年の改正前	令和２年の改正後
対象行為	・写真撮影 ・録音 ・録画	・複製 ・複製を伴わない伝達行為全般 （スクリーンショット、生配信なども含む）
著作物創作要件	著作物の創作という創作性の認められる行為を行う場面に限定	無制限 （創作性がない行為の場面における写り込みも含む）
分離困難性	メインの被写体から分離困難な著作物の写り込みだけが対象	メインの被写体に付随する著作物であれば、分離困難でないものも対象 ※「正当な範囲内」という要件を設け、濫用的な利用や権利者の市場を害するような利用を防止

（出典）文化庁「著作権法及びプログラムの著作物に係る登録の特例に関する法律の一部を改正する法律（説明資料）」

映画の海賊版ＤＶＤを輸入して販売することは、著作権法上問題はあるのでしょうか。

映画の著作権者が有する頒布権を侵害します。

　海外のＡ国で駐在員をしている友人から、「日本で大ヒットしている映画の海賊版DVDが、Ａ国では正規品の10分の１以下の価格で手に入る。日本の著作権で規定する複製権は、外国で複製することまでには及ばないはずだから、著作権法違反にはならないはず。海賊版DVDを日本で販売して儲けを折半しないか」との誘いを受けた場合、本当に著作権法上の問題はないと考えてよいのでしょうか。

　たしかに、日本の著作権法で定める複製権は海外での複製行為には及びません。しかし、Ａ国がベルヌ条約の加盟国である場合は、日本もベルヌ条約の加盟国であることかから、日本の映画もＡ国の著作権法によって保護されます。したがって、Ａ国で海賊版DVDを仕入れることがＡ国の著作権法に違反する可能性があります（この点はＡ国の著作権法の定めから判断するしかありません）。

　また、映画の著作物には、複製物（DVDも配信データも複製物にあたります）の譲渡・貸与を独占的に行う権利である頒布権が与えられています。したがって、海賊版DVDを輸入して日本国内で販売することは、たとえ海外で複製されたものであっても、映画の著作権者が持っている頒布権を侵害することになります。実際に、海外で複製された日本の洋画やアニメの海賊版DVDを販売したことによって、著作権法違反の容疑で逮捕され、刑事罰を受けるケースもあります。

学校の授業の一環で、教師が市販の映画を著作権者の許諾を得ずに上映した場合、著作権侵害となるのでしょうか。

通常は非営利かつ入場料不徴収なので著作権侵害にあたりません。

　著作権者は上映権という権利を有しています。上映とは、著作物を映写幕（スクリーン）その他の物に映写することをいいます。典型例は、映画などをスクリーンに映すことですが、テレビ画面に映すことも上映にあたります。したがって、映画を上映する場合には、原則として映画の著作権者の許諾を得なければなりません。

　ただし、公表済みの映画の上映に際して、映画の著作権者の許諾を得なくてもよい場合もあります。具体的には、営利を目的としない上映で、その映画を上映するときに入場料（対価）をとらない場合には、著作権者の許諾を得ずに上映しても著作権侵害とはなりません。

　学校の授業の一環で教師が市販の映画を上映する場合、通常、学校内の教室などに生徒を集めて上映します。その際に生徒から入場料をとることは考えられませんし、学校の授業の一環である以上、営利を目的としているわけでもありません。

　したがって、教師が学校の授業の一環で、著作権者に無断で映画を上映しても、著作権侵害とはなりません。この点に関連して、平成30年の著作権法改正により、学校の授業に必要な範囲で、著作物の複製や公衆送信を行うことができるようになりました。もっとも、公衆送信を行う場合には、学校などの教育機関の設置者が、著作権者に対して補償金を支払う必要があることも、同時に規定されました。

著作権者の同意なく有名小説の登場人物を使った小説や映画は著作権侵害になるのでしょうか。

登場人物を使うこと自体は著作権侵害にあたりません。

　小説の一部を転載して自分の小説や映画を創作する行為は、著作権侵害にあたりますが、小説の登場人物の名前・性格や、小説に描かれた設定・時代背景といった部分を流用し、ストーリーは自分で考えて創作したという場合はどうでしょうか。

　小説が著作物として扱われるとしても、その小説の登場人物や時代背景などはアイデアであって、それ自体は著作物ではないというのが一般的な考え方です。したがって、有名小説の登場人物や時代背景などを流用し、勝手にその小説の続編を自ら創作するような行為をしても、著作権侵害にはあたらないことになります。

　ただ、有名小説にはファンが多く作者の思い入れも強いはずです。その登場人物を無断で流用し、別の小説を創作するとなると、無用のトラブルを招くおそれがあります。その登場人物を使用したい場合には、小説の著作権者の許諾を得たほうがよいでしょう。

　この点は、有名小説の登場人物を流用して映画化する場合も同様で、登場人物や設定などを流用し、元の小説とはまったく別の映画を創作する限り、登場人物や設定などの流用に関しては、著作権法上の問題は生じません。しかし、元の小説の内容に依拠して映画化したり、別の小説を創作することは「翻案」（28ページ）にあたり著作権者に無断で行えば著作権侵害になることに留意する必要があります。

16 Question

お店でTV番組やBGMを流す行為は著作権侵害なのでしょうか。

 購入した音楽CDをそのまま再生するか、それを複製したもの再生するかで変わります。

　会社の食堂や病院の待合室などに行くと、テレビ番組をお客や患者が視聴できるようにしている場合があります。テレビ番組は、著作権法では「映画の著作物」にあたり、これを公衆送信する権利（放送も公衆送信に含まれます）は著作権者が持っています。したがって、場合によっては著作権侵害の問題が生じるおそれがあるのです。

・放送中のものを見せる場合

　現在放送されている番組を、受信装置を用いて観衆に見せることは、「営利を目的としない」「聴衆または観衆から料金を受けない」範囲において、著作権者の許諾を得なくても行うことができます。

　さらに、通常の家庭用受信装置（家庭用テレビ）を用いてこれを行う場合は、たとえ営利目的であったとしても著作権者の許諾を得る必要はありません（著作権法38条3項）。たとえば、食堂や家電量販店などがお客を呼び込むことを目的として、家庭用テレビで放送中のテレビ番組を流していても、著作権法上は問題ないということです。

・録画したものを見せる場合

　同じく食堂でテレビを用いてテレビ番組を流す場合であっても、それがハードディスクやDVDなどに録画したものである場合は、著作権法上の問題が生じます。食堂など不特定多数の人に見せることを目的としている時点で、私的使用目的の範囲を超えるので複製自体が著

作権侵害にあたります。さらに、著作権法38条3項で認められているのは、放送される著作物を公に伝達する行為であり、番組を上映する権利が認められたわけではないので、録画したテレビ番組を著作権者の許諾なく食堂などで流すことは、著作権侵害にあたります。

●BGMを流す行為について

BGMを流す場合、著作権だけが問題となる場合と、著作権と著作隣接権が問題となる場合があります。

著作権だけが問題となるのは、購入した音楽CDをCDプレイヤーなどでそのまま再生する場合です。音楽CDを公衆の前で再生すると、著作権法上はその音楽を演奏したことになります。演奏権は著作権者が持っている権利ですから、購入した音楽CDをそのまま再生する場合には、著作権者の許諾を得なければなりません。しかし、著作隣接権者は演奏権を持っていませんので、購入した音楽CDをそのまま再生する限り、著作隣接権者の許諾を得る必要はありません。

これに対し、著作権と著作隣接権が問題となるのは、購入した音楽CDを複製したものを再生する場合です。この行為は、著作権者の複製権と演奏権、著作隣接権者である演奏家の録音権（音楽CDの複製は録音にもあたります）、著作隣接権者であるCD製作者（レコード会社）の複製権の侵害にあたります。侵害にあたらないようにするには、これらの者から許諾を得なければなりません。

・音楽の著作権処理はJASRACの手続きで行う方法もある

著作物が音楽である場合、たいていは著作権者がJASRAC（一般社団法人日本音楽著作権協会）に対して著作権の管理を委託しています。JASRACはホームページ上（https://www.jasrac.or.jp/）で音楽の著作物の利用許諾の手続きについて説明しています。

ホームページからJASRACが管理している音楽の検索や、利用許諾の申込書のダウンロードなどもできます。JASRACが管理している音楽については、JASRACのホームページを参照して手続きを行うとよ

いでしょう。しかし、JASRACの手続きで得られるのは著作権者の許諾だけです。著作隣接権者の許諾は別に取得する必要があります。

　したがって、音楽CDをそのまま再生する場合は、JASRACの許諾だけで行うことができます。音楽CDを複製したものを再生する場合は、JASRACの許諾に加えて、著作隣接権者の許諾を得なければなりません。

●クラシック音楽ならば著作権フリーなのか

　著作権は著作者が死亡してから70年後に消滅します。こうしたことから、クラシック音楽には著作権の制限がないと思われることが多いようです。実際に、クラシック音楽の場合、その多くは作曲者の没後70年を経過しているからです。

　したがって、クラシック音楽の譜面をもとに演奏する場合、通常は著作権者の許諾が不要です。しかし、だからと言って、クラシック音楽が収録されたCDについて著作権法上の権利がないわけではありません。前述したように、音楽CDには著作権以外に著作隣接権も関係してくるからです。

　たとえば、クラシック音楽のCDを複製したものをお店のBGMとして流そうと考えた場合、著作権者の許諾は不要だとしても、著作隣接権を有する演奏家やCD製作者の許諾を得なければなりません。このように、著作権が消滅しているクラシック音楽が収録されたCDをかける場合、演奏者やCD製作者の許諾を得なければならない場合があります。

　なお、クラシック音楽であっても、新たに編曲が加えられているものである場合には、その編曲について編曲者を著作者とする著作権が発生しています。この場合には、編曲者の死後70年を経過していない限り、編曲に関する著作権者の許諾を得ずに、お店のBGMとしてCDを流すと、著作権侵害となることに注意が必要です。

17 Question

レストランやチャリティーコンサートで著作権者に無断で楽曲を演奏した場合は著作権侵害となるのでしょうか。

著作権者の許諾を得ずに行うと著作権侵害となります。

　人前で楽曲を演奏するには、原則としてその楽曲の著作権者の許諾が必要です。楽曲の著作権者は演奏権を持っているからです。演奏権とは、楽曲を公に（不特定もしくは多数の聴衆を相手に）演奏する権利のことです。ただ、著作権者に無断で演奏しても、その演奏が私的使用目的の範囲内である場合は、公に演奏しているわけでもないため、著作権侵害となりません。一方、著作権者に無断で公に演奏すると、原則として著作権侵害となります。ただし、①営利を目的とせず、②聴衆から入場料（対価）をとらず、③演奏者に報酬が支払われない場合には、著作権者の許諾を得ずに演奏しても著作権侵害となりません。

　そして、レストランやチャリティーコンサートでの楽曲の演奏は、不特定もしくは多数の聴衆を相手に演奏することになりますから、私的使用の範囲を超えていると考えられます。この場合は、上記の①～③に照らして判断します。レストランでの演奏は、通常レストランで演奏を聴く際には、レストランに入って何かを注文することが前提となりますから、営利目的であると判断され、①を満たしません。チャリティーコンサートでの演奏は、通常入場料などを徴収して資金を集めますから、②を満たしません。したがって、どちらの場合も、著作権者の許諾を得ずに演奏すると著作権侵害となります。

プレゼン用に他人の動画を再生する行為や図表を使用する行為は著作権侵害にあたるのでしょうか。

他人の動画を流す行為について著作権者の許諾が必要です（場合によっては著作隣接権者の許諾も必要です）。

他人の動画をプレゼンで再生するということは、スクリーンなどにその動画を再生することを意味します。スクリーンなどに著作物を再生する場合には、著作権者が有する上映権との関連で問題が生じます（コピーした動画を流す場合は複製権も問題となります）。

動画を再生する場合には、そのプレゼンがどのような状況で行われるかによって異なってきます。たとえば、プレスリリースの場において他人の動画を再生しようとしている場合、社内の企画会議で、その他人の動画を再生することは、社内の少数の人間が参加している限りは問題となりません。これは「検討の過程における利用」（著作権法30条の3）として著作権者の許諾を得ずに行うことができます。これに対し、社外の人間が多数参加するプレスリリースの場で他人の動画を再生する場合は、その動画の著作権者の許諾を得ていなければ、著作権法上の問題が生じます。

●どのような場合に上映権の侵害となるのか

プレゼンで他人の動画を再生した場合に問題となる権利は、著作権者が有する著作権の中でも上映権と呼ばれるものです。上映とは、著作物を映写幕（スクリーン）その他の物に映写することをいいます。典型例は、映画をスクリーンに映して再生することですが、テレビ画

面に映して再生することも上映にあたります。また、映画以外の著作物の権利者も上映権を有します。

　もっとも、公表された著作物を、営利目的ではなく、かつ聴衆や観客から料金を徴収しない形で上映するのであれば、著作権者の許諾を得ずに行っても上映権を侵害したことにはなりません（コピーした動画を再生する場合は、上映権とは別に複製権を侵害するという問題が生じるため、著作権者の許諾が必要です）。

　もっとも、ここで言う営利目的には、上映することで利益を得るという直接的な意味だけではなく、もっと広い意味でとらえられています。たとえば、お店の集客力アップにつなげるために動画を上映する場合や、自社の製品やサービスのプレスリリースの場で動画を上映する場合は、営利目的に含まれます。

　なお、プレスリリースの場で再生する動画にBGMとして楽曲がついている場合には、その楽曲の作曲家や作詞家の許諾を得る必要があります。許諾を得ずに無断で再生すると、これらの者の著作権を侵害していることにもなります。また、コピーしたBGMを再生する場合は、上映権とは別に複製権・録画権を侵害するという問題が生じるため、著作隣接権者がいる場合はその許諾も必要です（162ページ）。

●プレゼンに他人が作成した図表を使用した場合

　図表は、それがありふれた一般的なものにとどまる場合は、創作的に表現されたといえず、著作物とは認められません。たとえば、グラフを見やすくするため、立体的にして表現する程度の工夫は、誰もが思いつくありふれたアイデアです。このようなグラフは著作物とは認められません。プレゼンに他人の図表を使用しても、その図表が創作的に表現されたもので著作物と認められるものであれば、著作権侵害の問題が生じますが、そうでなければ著作権侵害となりません。

　なお、図表に人物や動物などのイラストが挿入されている場合、イラストは著作物ですから、無断使用は著作権侵害にあたります。

ヒット曲を作者に無断でアレンジする行為は著作権法上の問題があるのでしょうか。

著作者人格権のひとつである同一性保持権などを侵害する場合があります。

　ヒット曲であってもヒットしなかった曲であっても、世の中に公表された曲の著作権は、作成時にその曲の作者（作曲者）に帰属しています。したがって、曲を勝手にアレンジして演奏した場合は、著作権法上の問題が生じます。

　これは曲だけではなく、曲に付けられた詞（歌詞）についても同様です。曲には手を加えなかったとしても、無断で歌詞を変更して演奏した場合には、同様に著作権法上の問題が生じます。歌詞は変更しなくても、歌手が演奏の合間に語りや台詞を入れて歌った場合も、許諾を得ていなければ、同じく問題になります。

　テレビなどで行われている替え歌はどうでしょうか。替え歌は、元になる歌詞を利用しつつ、別の歌詞をつけて歌われることが多いようです。実は、この替え歌も許諾を得ずに行うと、著作権法上の問題が生じます。ただし、元になる歌謡曲の曲のみを利用し、曲とはまったく無関係な歌詞をつけた場合には、歌詞に関しては著作権法上の問題が生じないものの、曲の利用に関して著作権法上の問題が生じます。

●曲や歌詞を無断でアレンジすると同一性保持権などの侵害となる

　曲を作った作曲家は、他人に譲渡していない限り、その曲の著作権を持っています。曲に歌詞がつけられている場合は、他人に譲渡していない限り、作詞者がその歌詞の著作権を持っています。

もっとも、前述した「著作権」は、財産的な利益を保護する著作財産権（狭義の著作権）のことです。著作権（広義の著作権）には、著作財産権だけではなく、著作者の人格的な利益を保護する著作者人格権も含まれます。著作者人格権は、作曲者や作詞者といった著作者が持っており、他人への譲渡ができません。曲や歌詞を無断でアレンジした場合、著作財産権のうち翻案権（元の著作物に依拠して新たな著作物を作る権利）などの侵害が問題になりますが、とくに注意すべきなのが著作者人格権の侵害の問題です。

　著作者人格権には、①公表権（著作物を公表するかどうかを決定する権利）、②氏名表示権（著作物に著作者の氏名を表示するかどうか、どのように表示するのかを決定する権利）、③同一性保持権（著作物の同一性を保持する権利）があります。これらの中で、曲や詞のアレンジに関して問題となるのは氏名表示権と同一性保持権です。

　まず、氏名表示権により、氏名の表示に関しては、著作者の望む形で行う（氏名を公表するか、公表する場合は実名を用いるかペンネームを用いるかなど）必要があります。次に、同一保持権により、著作者の意思に反する改変は禁止されるため、著作者の著作物に対する思い入れを侵害するようなタイトルや内容の変更は、同一性保持権の侵害にあたる可能性が高いです。

　以上、許諾を得ずに曲をアレンジしたり、歌詞を変更したり、曲間に語りを入れたりした場合には、営利目的でないとしても、著作者の同一性保持権などを侵害する可能性がある点に注意が必要です。著作者人格権はJASRACの管理対象外なので、著作者人格権の侵害を主張されないためには、著作者から直接許諾を得る必要があります。さらに、翻案権もJASRACは管理委託を受けていないので、翻案権の侵害を主張されないためにも、曲や歌詞のアレンジの際には著作権者から直接許諾を得ておく必要もあります。

デジタル方式の録音・録画に関する補償金制度について教えてください。

機器購入時に補償金を支払っていることもあります。

　著作権法30条３項には、「私的使用を目的として、デジタル方式の録音又は録画の機能を有する機器であって政令で定めるものにより、当該機器によるデジタル方式の録音又は録画の用に供される記録媒体であって政令で定めるものに録音又は録画を行う者は、相当な額の補償金を著作権者に支払わなければならない」という規定があります。これは、デジタル方式の機器を使って私的使用目的の録音・録画を行う人に対し、補償金の支払いを求めるという規定です。

　本来、著作権法では私的使用目的の複製については、著作権の制限を定めており、著作権者の許諾も使用料の支払いも必要ないはずなのですが、「デジタル方式の録音・録画」に限っては、補償金の支払いを義務づける制度を設けています。デジタル方式によって録音・録画をすれば、元の音源や画像と品質の変わらない複製物を容易に作ることができます。これにより、たとえ私的使用目的で複製物を作ったとしても、後になって著作権者の利益を大きく侵害するおそれが出てきたことから、このような補償制度が設けられています。

　補償金は、デジタル方式の機器や記録媒体を使って私的使用目的の複製を行う利用者が、著作権者に支払うものです。しかし、個々の利用者が個々の著作権者に直接補償金を支払うのは現実的ではありません。そこで、対象の機器や記憶媒体の販売価格に補償金を上乗せする

方法がとられています。徴収された補償金は、指定管理団体である一般社団法人私的録音補償金管理協会（sarah）に集約され、そこからJASRACなどの著作権団体を通じて各著作権者に分配されます。

　しかし、地上デジタル放送に完全移行終了後、コピー制限の機能が搭載されていることを理由に、デジタルチューナーを搭載する録画機器が補償金の支払いが必要になる対象機器にはあたらないという最高裁判所の判決が確定しました。これを受けて、指定管理団体であった一般社団法人私的録画補償金管理協会（sarvh）が解散し、実際の運用において私的録画補償金は未徴収という扱いがなされています。

　私的録音補償金も、現在多くの人が利用しているスマートフォンやパソコンなどのハードディスクが対象に含まれていないことから、実際に徴収される金額が少額であるといった問題が生じています。

●どんなものが対象なのか

　著作権法施行令が定める「デジタル方式による録音・録画の機能を有する機器及び記憶媒体」には、次のようなものがあります。

・ミニ・ディスク（MD）
・コンパクトディスク（CD-R、CD-RW、CD-RAM）
・光ディスク（DVD-R、DVD-RW、DVD-RAM）
・ブルーレイディスク

■ 補償金を支払うしくみ ……………………………………………………

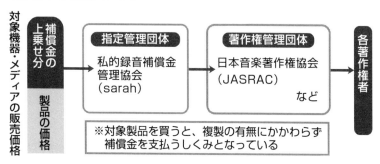

21 Question

私的使用目的であっても、コピーに使う機器や方法などによっては著作権侵害にあたる場合があるのでしょうか。

自動複製機器の利用や技術的保護手段の回避は、私的使用目的でも著作権侵害にあたります。

　著作物は、私的使用目的であれば、著作権者の許諾なくコピーなどの利用ができるのを原則としています。しかし、DVDレンタル店に設置された録画機を用いたDVDの複製など、公衆の利用のために設置されている自動複製機器を利用する場合は、私的使用目的の複製であっても、許諾を得ずに行うと著作権侵害となります。

　また、著作権者が著作権侵害を防止するために、CDやDVDなどのデジタルコンテンツの著作物にコピーを制限する技術的措置（技術的保護手段）を講じている場合があります。しかし、コピー制御信号や暗号方式による技術的保護手段を回避する技術を生み出す人が次々と現れているため、著作権者が著作権侵害を事前に防止する措置を講じていても、著作権侵害行為のすべてを阻止することは困難です。

　そこで、著作権法は、技術的保護手段を回避する手段によって著作物を複製する行為を、私的利用目的であっても著作権侵害行為とみなすと規定しています。さらに、技術的保護手段を回避する機能がある機械などを他人に譲渡する行為や、業として（反復継続的に営利目的で）技術的保護手段を回避する行為には刑事罰も規定されています。

　なお、著作権法改正により、令和3年1月以降は、技術的保護手段を回避する機能を有する不正なシリアルコードの提供も、著作権侵害行為とみなされることになりました。

音楽のダウンロードが著作権や著作隣接権の侵害にあたる場合について教えてください。

違法アップロードを知りながらダウンロードする行為は著作権法違反にあたります。

　著作権法では、私的使用目的の範囲を超え、著作権者や著作隣接権者に無断で、著作物をコピー（複製）したり、インターネット上に公開（送信可能化）する行為を禁じています。

　さらに、インターネット上に公開された著作権や著作隣接権を侵害する有償の著作物のファイルを、たとえ私的使用目的の範囲で、侵害の事実を知りながらダウンロードする行為（違法ダウンロード）を禁じています。従来は、録音・録画された（音楽や映像の）有償のファイルの違法ダウンロードのみが罰則の対象でした。しかし、著作権法改正に伴い、令和3年1月以降は、すべての著作物にあたる有償のファイルの違法ダウンロードが罰則の対象になっています。

　したがって、ファイルがCDもしくは配信などで販売されている音楽の海賊版（違法コピー）であり、その事実を知りながら自分のパソコンやスマートフォンなどにダウンロードする行為が、著作権や著作隣接権の侵害となります。

　ただし、"YouTube"などのストリーミングによって著作権や著作隣接権を侵害する音楽や映像などを視聴したにとどまる場合には、違法ダウンロードの対象から除かれています。また、海賊版の漫画の数ページ分（作品のごく一部分）など、違法の程度が軽微なダウンロードも著作権や著作隣接権の侵害にあたらないとされています。

"YouTube"などの動画投稿サイトへの投稿が著作権や著作隣接権の侵害にあたる場合を教えてください。

投稿先のサイトがJASRACなどの著作権管理団体との間で利用許諾契約を締結している場合に例外があります。

　動画サイトに投稿する場合、投稿する動画の内容によっては著作権法違反となります。たとえば、自分のペットを自ら撮影したものを動画投稿サイトにアップしても、著作権法違反とはなりません。

　投稿した動画が著作権法違反となるのは、たとえば、映画、歌謡曲のミュージックビデオ、録画したテレビ番組を、著作権者や著作隣接権者の許諾を得ないで投稿した場合です。

　しかし、現実には、こうした動画が投稿されているのに削除されていないこともあります。その理由は、単に投稿される動画の数が多すぎてチェックする側が追いついていない場合や、権利者があえて著作権法違反を主張していないだけである場合が多いようです。削除されていないから著作権法違反ではない、というわけではないのです。

●投稿先が利用許諾契約を締結している場合の例外

　日本国内で公表された楽曲を自分で演奏した動画を投稿する場合には、投稿先のサイトがJASRACなどの著作権管理団体との間で利用許諾契約を締結しているかどうかで扱いが異なります。ここでの「利用許諾契約」は、投稿先のサイトと著作権管理団体との間で、投稿者が個別に著作権管理団体から許諾を得なくても、その許諾を得たものとして投稿を行うことができるようにするものです。

投稿先のサイトが著作権管理団体との間で利用許諾契約を締結している場合、投稿者は、個別の許諾手続きを経なくても、著作権管理団体が管理する楽曲を自ら演奏した動画を投稿できるようになります。著作権者は演奏権を持っているのに対し、後述する著作隣接権者は演奏権を持っていないので、自ら演奏した動画を投稿する限り、著作隣接権を侵害することにならないことが理由です。

　ただし、著作権管理団体が管理していない楽曲は対象外ですから、そのような楽曲を演奏した動画を投稿する際には、個別に許諾手続きをしなければなりません。また、著作権管理団体は著作隣接権の管理を委託されていないため、著作隣接権者が存在する音楽CDやミュージックビデオをコピーして投稿する場合は、著作隣接権者（レコード会社や演奏者など）の許諾を得なければなりません。著作隣接権者は複製権もしくは録音・録画権を持っているからです。

　具体的には、著作物である楽曲を歌唱する歌手（実演家）は、自分の歌唱について録音・録画権を持っており、CDの制作に労力や費用を投下したレコード会社（レコード製作者）は、製作された音源について複製権を持っています。動画の投稿が著作隣接権の侵害にあたり許されない場合もあることを認識する必要があります。

　なお、JASRACが管理している楽曲であるか否かは、J-WID（ジェイウィッド）と呼ばれる作品データベース検索サービス（JASRACのホームページから利用可能です）を利用することによって、確認することができます。

　そして、投稿した動画が著作権や著作隣接権を侵害していると判断された場合には、著作権者や著作隣接権者から損害賠償請求などを受けるおそれがあるとともに、動画投稿サイトのアカウントが凍結されるなどして、動画の投稿が制限される場合もあります。

174

“YouTube” に投稿された動画をブログで表示したいと考えているのですが、何らかの法的規制はあるのでしょうか。

利用規約で許可された方法によってブログで表示することは可能です。

投稿された動画を、ブログやSNSをはじめとする他の媒体において表示させる行為は、一般的に利用規約で禁止されています。

しかし、“YouTube” の場合は、利用規約において、“YouTube” が許可する方法に則って、ブログなどにおいて投稿された動画を表示させる行為を認めています。これは「埋め込みコード」と呼ばれる方法です。

“YouTube” で動画を投稿する際、その動画を他者が共有することを許可するか否かについて、「埋め込みを許可する」という事前の取り決めによって選択ができます。そして、「埋め込みを許可する」という選択が行われた動画について、埋め込みコード（https://youtu.be/○○○○という形式で示されます）を取得し、それをブログなどに貼り付けることによって、投稿された動画を表示することが可能です。

なお、著作権や著作隣接権を侵害している動画については、「埋め込みコード」の取得によっても、その動画をブログなどに表示させることは許されません。著作権や著作隣接権を侵害する動画は、著作権者や著作隣接権者の申立てがあれば、随時削除されるでしょう。

とくに歌謡曲のミュージックビデオの動画をブログなどに表示させたい場合には、著作権や著作隣接権を侵害するおそれがないレコード会社などの公式チャンネルから「埋め込みコード」を取得する方法をとることがよいでしょう。

 **Q25 Question** 映画の内容を著作権者に無断で10分程度に編集して動画サイトに投稿する行為は著作権法上違法なのでしょうか。

 **Answer** 映画の映像や静止画を無断で編集・アップロードする行為は著作権法違反です。

　著作権法上の権利者に無断で映画の一部を使用し、字幕やナレーションを付けるなどして、映画の全体を観なくてもその大まかなストーリーがわかるように説明した短めの動画をファスト映画といいます。

　1動画あたり10分程度にまとめて"YouTube"などの動画投稿サイトにアップロードする行為は、効率よく多くの作品を観たいという視聴者側のニーズを充たすこともあり後を絶ちません。一般社団法人コンテンツ海外流通促進機構の調査では、1年間に少なくとも55アカウントから約2100本のファスト映画を確認しており、本編の映画を鑑賞しなくなることによる被害総額は約956億円に上ると推計しています。

　ファスト映画では、海賊版とは異なり映画の一部の映像や静止画しか使われておらず、引用の範囲内で映像や静止画のみを用いて編集しているなどの説明がつけられている点が特徴です。たしかに映画のあらすじを紹介する動画自体は違法ではありません。しかし、映画の無断アップロードは複製権や公衆送信権の侵害、映画の無断編集行為は翻案権や同一性保持権の侵害、映画の大半の内容を無断で文字として抜き出す行為は翻案権の侵害にあたるといえます。したがって、映画の映像や静止画を無断で編集・アップロードする行為は著作権法に違反し、単に短くして紹介することは引用として認められません。

第7章

著作権の制限と著作権侵害

視覚障害者の依頼で、報酬を受け取って著作権者の許諾を得ずに著書を点字本にするのは、著作権侵害になるのでしょうか。

報酬を得て点字本にする場合であれば、著作権侵害の問題は生じません。

点訳（活字を点字にすること）のボランティア活動をしている人が、視覚障害者から、「○○という作者の官能小説を、謝礼を渡すので、点訳してほしい」と頼まれた場合、著作物を点字によって営利的に複製することになります。これは著作権侵害にはならないのでしょうか。

官能小説も著作物であることは異論のないところです。そして、著作物を点訳することは複製の一種とされていますから（点字による複製と呼ばれています）、著作権者の許諾を得ないで点訳することはできないのが原則です。

ただし、例外として、公表された著作物であれば無断で利用できる場合があります。視覚障害者用に点訳する（複製する）ことや、その点訳したもの（点字複製物）を譲渡によって公衆に提供することができるというのも、そのひとつです。したがって、このケースの場合、著作権者の許諾を得なくても、点訳したものを譲渡することは、著作権を侵害することになりません。

また、この例外規定は、非営利の場合はもちろん、営利を目的とした場合にも適用されます。したがって、点字複製物の譲渡の対価として報酬をもらうことについても、著作権侵害は問題になりません。

上記の例外は、視覚障害者の福祉の観点と、例外を認めても著作物の通常の利用と競合しないことから認められています。

図書館で蔵書を複製しても
著作権侵害とならないのは、
どのような場合なのでしょ
うか。

調査研究目的で公表済みの蔵書の一部を1部
だけ複製することは著作権侵害となりません。

　原則として、他人の著作物を無断で複製すると、著作権侵害となりますが、図書館において複製してもらう場合には、著作権侵害とならない場合があります。ここでは、著作権侵害とならない場合に関する要件を見ていきましょう。

　ここで言う「図書館」とは、著作権法が定める「国立国会図書館及び図書、記録その他の資料を公衆の利用に供することを目的とする図書館その他の施設で政令で定めるもの」のことです。国立国会図書館や公立図書館などの他に、大学図書館なども含まれます。一方、図書館と名がついていても、政令で定められていない施設については対象外となります。

　図書館において複製する場合で、著作権者の許諾なしの複製が許容されるには、まず、調査研究目的による複製でなければなりません。次に、複製する著作物は公表されているものでなければなりません。さらに、複製する分量にも制限があり、その著作物の一部にとどめなければなりません。したがって、未公表の著作物は対象外であり、その著作物の大半を複製する場合も対象外となります。

　その他、複製するセット数にも制限があり、1人につき1部と制限されています。したがって、同じページの複製を1人が2部以上複製することはできないのです。

インターネット上の掲示板に私の
小説のクライマックスが掲載され
て困っているのですが、やめさせる
にはどうすればよいのでしょうか。

Answer

掲示板の管理者に対して書き込みの削除を
求めることなどが可能です。

掲示板の書き込みが著作権を侵害するものであった場合、権利を侵害された著作権者は、掲示板の管理者に対して、著作権を侵害している書き込みを削除するように請求できます。

プロバイダ責任制限法によると、この請求に従って掲示板の管理者が著作権を侵害しているとされる書き込みを削除した場合には、損害賠償責任の制限が及ぶため、削除された内容を書き込んだ人に対して損害を賠償する責任を負いません。一方、掲示板の管理者が著作権者から著作権侵害の書き込みを削除するよう求められたのに、そのまま放置していた場合には、損害賠償責任の制限が及ばなくなるため、掲示板の管理者は著作権者が被った損害を賠償する責任を負います。

小説のクライマックスを掲示板に掲載することは、著作権侵害（公衆送信権などの侵害）であるとともに、その財産的な損害は大きいといえます。著作権者がとれる手段は、まず、書き込みがある掲示板の管理者に対して、著作権侵害の事実を指摘して、速やかに侵害している書き込みを削除するように求めることです。可能であれば、差止請求の仮処分を申し立てて、一刻も早く著作権侵害を停止するように求めます。著作権侵害を指摘してその停止を求めているにもかかわらず、書き込みがそのまま放置された結果、損害が生じた場合には、掲示板の管理者に対して損害賠償を請求することも可能です。

Question 4
他人のサイトに自分の描いたイラストとそっくりな作品を見かけたので著作権侵害を主張したいのですが可能でしょうか。

一般に著作権侵害の主張は難しいですが、相手方がトレースをしている場合などは著作権侵害を主張しやすいです。

　裁判でも「作品をマネされた」「盗作である」といった主張がなされることは多いのですが、実際に著作権侵害が認められるためには、相手方が自分の著作物に依拠して似た作品（マネした作品）を作ったということを、著作権侵害を主張する側（著作権者）が自ら証明しなければなりません。ここに言う「依拠」とは、既存の著作物を参考にするという意味ですが、これを証明するのは難しいといえます。

　実際に相手方が自分の作品をマネして作ったかどうかは、通常はうかがい知ることができません。したがって、自分の描いたイラストにそっくりな作品を見かけたとしても、それが本当に自分の作品をマネして作られたという証拠を見つけない限り、著作権侵害を主張するのは難しいといえます。また、お互いの作品をまったく知らないまま、偶然に似たような作品を作ってしまう、ということも実際にはあり得ます。このような可能性もありますから、相手方が自分の描いたイラストをマネしたものをサイトに掲載している、という事実を証明できなければ、相手方に著作権侵害を認めさせるのは難しいでしょう。

　もっとも、相手方の作品が自分のイラストをトレース（薄紙などに透かして敷き写すこと）していることが明らかな場合などは、著作権侵害の事実を証明しやすいでしょう。

どのような場合に文章の盗用となるのでしょうか。

一般的には意図的に他人の文章と類似する文章を作成した場合に文章の盗用と認められます。

　現在では、インターネット上のウェブサイトにある記事などの文章の一部をコピーして、それをパソコンやスマートフォンなどの文書作成ソフトに貼り付ける（コピー・アンド・ペースト）という行為が広く行われています。便利な機能であることは確かですが、この使用方法を誤ると著作権侵害につながるおそれがあります。また、コピー・アンド・ペースト以外にも、他人が書いた文章について、その幹になる部分は同一のまま、表現の細かな部分のみを変えることによって、あたかも自分が書いたかのように装うことも可能です。

　そして、コピー・アンド・ペーストや、他人の文章を自分が書いたかのように装う行為は、一般に文章の盗用と呼ばれています。

　他人が書いた文章は、それが紙媒体の文章であれ、インターネット上の文章であれ、その他人が著作者である著作物にあたることは明確です。したがって、他人が書いた文章を著作権者の許諾を得ずに利用する行為が、原則として著作権侵害にあたることは異論の余地がありません。しかし、文章の盗用が問題になるケースでは、一見して盗用であるとは判断できないように文章を整えて用いられていることが多いといえます。多少表現が異なっていても、実質において、ほぼ同一の文章であれば、それは他人の文章をそのまま利用したに等しい（他

人の文章の複製である）と判断されるでしょう。

　ただ、特定のテーマの下で文章を書いた場合、他人の書いた文章と似た内容になることがあります。したがって、他人の文章を盗用したとして、著作権侵害にあたるというためには、一定の基準を充たす必要があると考えられています。

●偶然の一致と意図的な利用（盗用）

　まず、他人の文章を盗用したというためには、他人の文章を意図的に利用したことが必要です。具体的には、対象になっている他人の文章の存在を知った上で、それを基に細部の表現を変更するなど、意識的に行った盗用行為は、著作権侵害の可能性が強くなります。この場合は、とくに複製権や翻案権の侵害を主張するために必要とされる、他人の文章に依拠していること（依拠性）が認められます。

　しかし、本当に自分自身で書いた文章であっても、それが偶然に他人の書いた文章と内容の一部が一致してしまうこともあります。ましてや、ある特定のテーマに絞ったとしても、同一のテーマを扱った文章は相当数になることが通常で、新たにそのテーマで文章を書くにあたり、存在する文章のすべてを把握することは不可能です。

　したがって、他人の文章を知っていたか否かについては、客観的な事実に基づいて判断する必要があります。具体的には、客観的な状況の下で、盗用が疑われる人が、他人の文章の存在を知ることができる状況にあったか否かという点が重要です。

　たとえば、他人の文章が、比較的多くの人が簡単に接することができる文章であれば、それに依拠して文章を書いたと認めることが比較的容易といえるでしょう。反対に、他人の文章が盗用が疑われている人が接することの難しいものである場合や、盗用が疑われている人の文章が通信機器が一切使用できない入院中に執筆したものである場合などは、他人の文章と盗用が疑われている人の文章とが類似しているとしても、偶然の一致が認められやすいといえるでしょう。

なお、他人の文章の存在は知っていたが、実際にはそれを見ることなく書いたものであっても、無意識のうちに、見た内容の文章に近づいてしまう場合もあるかもしれません。しかし、仮に意識的ではなくても、結果として、以前に接した他人の文章が、自己の文章に影響を与えたといえる以上は、偶然の一致ということができません。

● 類似性が認められるとだめなのか

　当然のことながら、文章を盗用したと認められるためには、他人の文章と類似している必要があります。しかし、表現の世界において、類似しているか否かに関する絶対的な基準は存在しません。そこで、一般的には、他人の文章の本質的な部分との共通点が認められるか否かという基準によって判断することになります。

　この際、誰が書いても同じになるような、ありふれた表現は、類似性を否定する要素になります。しかし、他人の文章を特徴づけるような、他人の文章に特有の表現について、共通点が多く認められる場合には、他人の文章と類似していると認められ、著作権侵害にあたる可能性が高くなるといえます。

● 引用とリライトとの違い

　他人の文章の盗用は著作権侵害につながる行為ですが、自己の文章のうちの一部について、他人の文章であることを表示した上で用いるなど、一定の要件を充たすことで、著作権法上の引用として他人の文章の利用が許される場合があります。引用として認められるためのおもな要件は、①引用部分と自己の著作物との区別が明確であること、②自己の著作物が「主」・引用部分が「従」であること、③出所を明示すること、④正当な範囲内の引用であることなどです。

　なお、他人が書いた文章を部分的に修正し、利用目的に応じて書き直すことをリライトといいます。リライトは、著作物である他人の文章に手を入れる行為であるため、とくに著作者の意に反する形で行うと著作者人格権の侵害を指摘される可能性が高くなります。

ホームページに他人の書いた記事や写真を掲載する行為は著作権の侵害にあたるのでしょうか。

ホームページへの掲載は私的使用目的を超えるので、許諾を得ずに行うと著作権侵害の問題が生じます。

　ホームページ・ブログ・SNSなどの内容を充実させるために、文章に沿った写真を使ったり、気に入った記事の内容を掲載したりすることは、よく行われることです。最近はスマートフォンなどで気軽に写真を撮ったり、文章を書いたりすることができるため、「今日食べたランチの感想」「訪れた美術館で見た作品の解説」といった内容の文章を掲載することも多いでしょう。

　このとき、自分で撮影した風景写真を使ったり、自分の言葉で美術品を見た感想を書いたりするのであれば、基本的に著作権法上の問題は生じません。しかし、ランチの店選びの参考にした雑誌に掲載されていた写真をスマートフォンで撮影して転載したり、美術展のパンフレットに掲載されている解説の内容をそのまま流用すると、著作権を侵害した（おもに複製権や公衆送信権の侵害）と指摘される可能性が高くなります。

●どのような権利侵害になるのか

　雑誌に掲載された写真やパンフレットの解説文といったものは著作物にあたりますので、著作権者に無断でコピーしたり転載したりすれば、著作権のうち複製権を侵害したことになります。

　ただ、「ホームページ・ブログ・SNSは、自分の記録や楽しみのた

めに作成しているので、私的使用目的にあたり、著作権侵害にはならないのではないか」と思うかもしれません。しかし、ホームページなどに掲載した文章や写真などは、インターネットという誰でも自由にアクセスできる場に置かれます。これは、不特定多数の人がホームページなどに掲載された内容を閲覧できるようにすることであるため、私的使用目的の範囲を超えます。そして、インターネット上に著作物を掲載する行為を公衆送信といい、著作権者に無断で公衆送信を行うことは、著作権のうち公衆送信権を侵害していることになります。

●他人の写真を加工してブログに掲載した場合

　雑誌や他のホームページに掲載されている写真を取り込んで無断で背景を変えたり、一部分だけを切り取るトリミングなどをして使用したりすると、著作権侵害となることがあります。

　また、とくにコラージュが著作権法上問題となっています。コラージュとは、元となる写真に切り貼りなどの加工を施して新たな表現とする方法です。コラージュが著作権法上問題になるのは、元の写真の著作者ではない者が著作者に無断で加工する場合です。この場合は、著作権侵害だけではなく、元の写真の著作者の同一性保持権（著作者人格権のひとつ）を侵害する可能性もあります。

　なお、他人の著作物を自分の著作物に取り込んで使っても、それが著作権法上の引用と認められる場合は、他人の著作物を自由に使えます。引用として認められるためのおもな要件は、①引用部分と自己の著作物との区別が明確であること、②自己の著作物が「主」・引用部分が「従」であること、③出所を明示すること、④正当な範囲内の引用であることなどです。たとえば、コラージュに使われた写真が主従関係の「従」にあるとても、引用する写真と引用される写真とが明確に区別できない限り、引用としては認められないので、こうした行為は避けなければなりません。

本やフリーペーパーの記事をコピーして他人にあげる行為は著作権侵害となるのでしょうか。

私的使用目的の範囲を超えると著作権侵害にあたります。

フリーペーパーは、おもに企業や店舗からの広告費を使って作成し、読者に無料で配布する冊子です。その内容は広告費を支払った企業や店舗の紹介が中心ですが、有名人のインタビュー、時事ニュース、生活上の豆知識などの記事を掲載し、内容を充実させているものもあります。これらの記事は、ライターが取材に基づき自身の思いや意見なども加えて作成した著作物であり、著作権が認められるため、私的使用目的の範囲を超えたコピーなどはできないことに注意が必要です。

著作権法上、私的使用目的は「個人的に又は家庭内その他これに準ずる限られた範囲内」に限定されています。たとえば、スマートフォンで撮影した記事を直接会ったことのないSNSのフォロワーに送信することは、私的使用目的の範囲を超えると考えるべきでしょう。

その他にも、スマートフォンで撮影した記事を友人に送信するため、インターネット上のサイトにそのデータをアップロードする行為も、私的使用目的の範囲を超えると考えられます。

なお、著作権法では、引用にあたる行為は著作権侵害にあたらないと規定しています。しかし、自分自身の著作物が「主」でなければならず、自身の著作物の一部（引用された他人の著作物が自己の著作物の「従」にあたる範囲に収まること）にとどまらない以上、フリーペーパーの記事をそのままコピーする行為は引用といえません。

推理小説ファンが自分のブログに定期的に推理小説を紹介し、その際に本のタイトルと自分で撮った表紙の写真を掲載するのは著作権侵害となるのでしょうか。

表紙のイラストや写真には著作権が発生しており、これを無断で掲載するのは著作権侵害の問題を生じます。

まず、本のタイトル（題号）ですが、著作物の要件である創作性を発揮する余地が小さく、原則的に著作物とは認められず、著作権侵害にはあたりません。裁判においても、表現の選択の幅が狭く、ありふれた表現である場合は、創作性が否定される傾向にあり、タイトルではなく作品中の一部の表現であっても、それがありふれた表現である場合は、創作性が否定されたケースがあります。したがって、本のタイトルがありふれている場合は、著作権者の許諾を得なくても、ブログに掲載する行為が著作権侵害にあたる可能性は小さいといえます。

次に、表紙の写真です。自分で撮っているのであれば、その写真自体の著作権は自分のものです。通常は装丁（書籍の外側のデザイン）には著作権が発生しませんが、たとえば、表紙にイラストや写真が使われている場合は、それぞれに著作権が発生しています。また、著作権者に無断で表紙の画像をインターネット上で公開することは、著作権（おもに複製権や公衆送信権）を侵害することになります。

もっとも、表紙の写真を無許諾で記載しても、著作権者が著作権を行使して損害賠償請求や差止請求を行わないこともあるでしょう。販売促進効果が得られるのであれば、著作権者は黙示的に、ブログなどに表紙の写真を掲載する行為を認めているに等しいといえます。

個人的に楽しむためにCDジャケットやイラストをコピーしたり美術館の絵画を写真に撮った場合、著作権侵害となるのでしょうか。

私的使用目的の範囲内であれば、著作権侵害にあたりません。

　著作物を著作権者に無断で複製したり、インターネット上に公開したりすることは、原則として著作権侵害となります。CDジャケット・イラスト・絵画は、いずれも美術の著作物ですから、コピーや写真に撮る行為は著作権侵害（複製権の侵害）となるのが原則です。

　ただし、私的利用目的で著作物のコピーをとったり、写真にとったりする場合であれば、著作権侵害とはなりません。個人的に楽しむためであれば、私的利用目的にあたるので、原則として著作権侵害とはならないでしょう。たとえば、CDジャケットやイラストをコピーしたり、美術館の絵画の写真を自分の部屋に飾ったり、それらをスマートフォンやパソコンの壁紙に設定したりすることは、私的使用目的の範囲内として問題ないといえます。

　しかし、個人的に楽しむとは言っても、インターネット上に公開すると問題が生じます。たとえば、コピーしたものや写真に撮ったものをブログやホームページ、SNSで公開すると、私的使用目的の範囲を超えるので、許諾を得ない限り著作権侵害となります。

　なお、たいていの美術館では、展示物の保護のために写真撮影を禁じています。その美術館で禁じられている場合には、著作権侵害にあたらない場合であっても、撮影は慎しまなければなりません。

 ブログやSNSに自分が愛用している商品のパッケージの写真を掲載するのは、著作権法上問題になるのでしょうか。

 パッケージにイラスト・風景写真・人物写真などがある場合は、無断撮影につき著作権侵害の問題が生じます。

　まず、商品のパッケージが被写体となっている写真それ自体の問題です。パッケージを撮影した写真といっても、構図やライティングなどに撮影する人の創作性が発揮されるので、一般的には著作物に該当し、著作権が発生するものと考えられます。したがって、その写真を誰が撮ったのかがポイントになります。

　自分が撮影した写真であれば、他人に譲渡していない限り、著作権は自分のものです。しかし、メーカーのホームページやカタログから無断で写真のデータを持ってきた場合には、その写真の著作権はカメラマン（またはメーカーなど）にあるため、ブログやSNSに掲載すると著作権侵害（おもに公衆送信権の侵害）となります。

　次に、商品のパッケージに使用されているイラスト・風景写真・人物写真などの問題です。基本的にこれらは著作物にあたるので、ブログやSNSの画面上で、それと認識される場合は、著作権侵害のおそれがあるといえます。もっとも、商品が好意的に紹介されている場合には、著作権侵害を主張する可能性は低いかもしれませんが、こうした著作権の原則については知っておくべきでしょう。

　また、商品のパッケージに有名人の写真や似顔絵が掲載されている場合は、パブリシティ権侵害のおそれがある点にも注意が必要です。

ネットオークションで出品しようと考えている商品の写真をアップロードする行為は、著作権を侵害するおそれがありますか。

自分で撮影した写真を掲載する場合は、著作権侵害の問題は生じません。

インターネット上に商品の写真を掲載する行為は、著作物の複製や公衆送信にあたり、著作権侵害の問題を生じる可能性があります。

まず、ネットオークションで出品する商品が、日常的に使われる家具や電化製品である場合には、その家具や家電製品が著作物にあたらないため、著作権法上の問題は生じないといえるでしょう。日常的に使われる家具や家電製品が、思想や感情が創作的に表現されたものであるとはいえないからです。

これに対し、ネットオークションで出品する商品が美術品や工芸品である場合には、美術品や工芸品が美術の著作物にあたるため、著作権者の許諾を得ずに写真をインターネット上に公開することは、著作権侵害にあたるのが原則です。ただし、著作権法では、美術や写真の著作物の原作品もしくは適法な複製物を所有している人が、その所有物をネットオークションに出品するにあたって、その紹介目的で写真を掲載する行為については、著作権侵害にあたらないことを規定しています。そのため、許諾を得なくても、ネットオークションのページに商品の写真を掲載（アップロード）することができます。

もっとも、掲載する商品の写真は、出品者が撮影したものであることが必要です。他人のホームページから商品の写真を持ち出して掲載する行為は、許諾がない限り著作権侵害の問題を生じさせます。

ブログに好きな俳優や有名人の写真を掲載する行為はどんな権利を侵害していることになるのでしょうか。

著作権、パブリシティ権、肖像権などの侵害が問題となります。

　好きな芸能人の話は、好きな人同士ですると大変盛り上がりますし、楽しいものです。そんな人たちが集まる非公認のファンサイトはたくさんありますし、テレビ番組や雑誌などで好きな芸能人の姿を見かければ、その写真を他のファンの人にも紹介したいと思うでしょう。

　しかし、写真集やフォトブックなどの作品に掲載されている写真はもちろん、漫画雑誌や週刊誌などに掲載されているグラビア、新聞やホームページなどに掲載されている広告用の写真であっても、原則的には写真の著作物にあたるので、著作権者に無断で転載することは著作権侵害（おもに複製権や公衆送信権の侵害）にあたります。

　さらに、芸能人やスポーツ選手などの有名人の氏名や姿形（肖像）について、それが商品の販売などを促進する効果（顧客吸引力）を持つ場合に、その顧客吸引力を利用する権利をパブリシティ権といいます。パブリシティ権は、法律で明確に規定されているわけではありませんが、最高裁判所の判決で認められた権利です。たとえば、芸能人の写真は「芸能人が写っている」だけで、売買の対象になる可能性があります。このように、その人の姿形（肖像）などがあることによって経済的価値が認められ、顧客吸引力が生まれる場合に、その人にパブリシティ権が認められるということです。裁判においては、パブリシティ権の侵害を理由に、侵害者に対する損害賠償請求が認められた

り、侵害行為の差止請求が認められたりしたケースがあります。

　パブリシティ権の侵害の例としては、無断で芸能人のブロマイド（肖像写真）を商品化する行為や、テレビCMやインターネット広告で芸能人の氏名や肖像を無断で利用する行為が挙げられます。

　これに対し、書籍や雑誌、ブログやSNSなどに有名人の写真を無断で掲載する場合については、パブリシティ権の侵害にあたるか否かの判断は、やや困難なものになります。書籍や雑誌の他、ブログやSNSなどのインターネット上に有名人の写真を無断で掲載する行為は、批判や紹介が目的であることも多く、必ずしも顧客吸引力の利用を目的として氏名や肖像などを掲載しているわけではないからです。

　最高裁判所の判決では、パブリシティ権侵害の基準として、氏名や肖像などがそれ自体独立して鑑賞の対象になる商品などに付けられ、他の商品などから差別化が図られており、そして氏名や肖像などの利用によって、おもに顧客吸引力を利用することを目的にしているといえる場合に、パブリシティ権の侵害が認められると判断しています。

　したがって、有名人の氏名や肖像を書籍や雑誌の他、ブログやSNSなどに掲載する場合に、批判や紹介の目的を超えて、顧客吸引力を利用するような商業目的が強く認められる場合には、パブリシティ権の侵害が認められるケースがあるということです。

　また、パブリシティ権とは別に、肖像権（他人からみだりに自分の肖像を撮影されたり使用されたりしないという権利）を侵害したことになるおそれもあります。もっとも、芸能人などの有名人が無断で写真を掲載された場合に、肖像権の侵害を主張することは多くありませんが、無断で掲載された写真が、きわめて私的な内容で、一般に他人に知られることを望まないと考えられるものである場合には、プライバシーの侵害にあたる可能性があります。

●著作権侵害にあたる場合

　写真集や雑誌などに掲載されている有名人の写真は、通常、プロの

写真家が撮影しています。撮影の際には、それぞれの写真家が自身の思いや独自の工夫を込めていますから、個々の写真が著作物といえるでしょう。したがって、それを著作権者（写真家など）の許諾なくブログやSNSなどに掲載すると、著作権侵害と判断されるわけです。

●**著作権侵害にあたらない場合**

写真家が撮影した有名人の写真であっても、著作権侵害にあたらないと判断されることがあります。それは、著作者である写真家が亡くなってから70年（平成30年12月29日までは50年）の保護期間が経過している場合です。この保護期間が過ぎていれば、著作権の心配をすることなく写真を掲載することができるようになります。

また、有名人が写っている写真であっても、自分で撮影した写真であれば、著作権は自分が持っているため（著作権を譲渡している場合は除きます）、それをブログやSNSなどに掲載しても著作権法上の問題はありません。しかし、パブリシティ権や肖像権などの侵害の問題は残りますので、掲載前に被写体である有名人やその所属事務所に確認をとるべきでしょう。

■ **有名人の写真をブログに掲載する場合** ……………………………

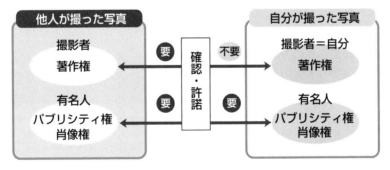

Q Question 13 書評のサイトを立ち上げようと思っているのですが注意しなければならないことはありますか。

 著作権法で許された引用の範囲内で、書評の対象とする本を転載することが必要です。

著作権法32条は、「公表された著作物は、引用して利用することができる」と規定しています。引用とは、著作物を創作する際に、他人の著作物の一部を取りだして使用することをいいます。著作権者に無断であったとしても、それが著作権法で許された引用であると認められるのであれば、著作権侵害の問題は発生しないことになります。

もっとも、他人の著作物の使用の方法次第では、著作権法で許された引用として認められず、著作権を侵害したと指摘されることがある点に注意が必要です。著作権法で許された引用として認められるためのおもな要件は、①引用部分と自己の著作物との区別が明確であること、②自己の著作物が「主」・引用部分が「従」であること、③出所を明示すること、④正当な範囲内の引用であることです。

たとえば、研究論文を執筆するにあたって1,000行のうちの数行に参考資料とした著名な研究者の論文の一部を転載し、残りの行は参考資料に対する自分の見解を記載するのであれば、著作権法で許された引用と判断されるでしょう。しかし、数百行にわたって参考資料を転載した場合は、引用とは判断されない可能性が高くなります。

このように、使用した他人の著作物の分量は、著作権法で許された引用か否かを判断する大きな要素です。しかし、使用したのが有名な小説の一文で、短くてもその小説独自の表現である場合には、著作権

法で許された引用とは判断されない、つまり許諾を得ていなければ著作権侵害であると判断される可能性があります。

●ブログやSNSなどでの書評はどうか

ブログやSNSなどで書評を掲載するとなると、その対象となる本の一部を引用することも多くなります。ただ、前述したように、その引用の方法によっては著作権侵害の問題が発生することがある点には注意してください。とくに自身の言葉で記載する書評よりも、対象となる著作物からの引用が多い場合は、著作権法で許された引用の範囲を超えていると判断されるおそれが大きいと思われます。

●転載元の本の表現を変えてはならない

引用をする際には、転載元である本の表現を変えないことも非常に重要です。表現を変えて転載することは、著作者人格権のひとつである同一性保持権の侵害にあたると判断される場合があるからです。とくに小説の場合は、句読点の位置や、同じ言葉でも漢字・ひらがな・カタカナを使い分けるなどして、登場人物の心理を描写しています。勝手に表現を変えて転載しないように注意しましょう。

■ 小説の引用と著作権侵害 ･･･････････････････････････････････

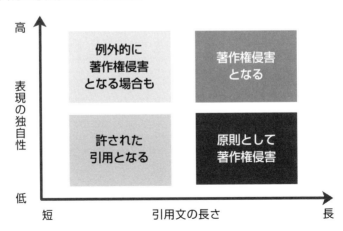

著作権フリーとされている著作物を自由に利用することに問題はないのでしょうか。

著作権フリーとなっていても完全に自由に利用できるとは限りません。

　著作権フリーになる状況としては、著作者の死後70年以上が経過したなど保護期間が満了している場合の他、著作権者が自ら著作権を放棄した場合が考えられます。著作権を放棄する理由として、「自分が執筆した文章を広く一般の人に利用してもらうことで、自分の考えや思いが広がってほしい」「自分が作曲した音楽を気軽に楽しんでもらいたい」などといったことがあるようです。著作権フリーの有名なサイトとしては、百科事典「ウィキペディア」などがあります。

　この他、とくに著作権フリーとされていなくても、その一部が著作物として扱われず、著作権もないというものもあります。たとえば、百科事典や国語辞典の各項目のうち、言葉の定義や用法といったことをありふれた言葉で解説している部分は、著作物として扱われない可能性が高いといえるでしょう。

　著作権フリーのサイトで公開されている著作物は、利用者が自由に複製することができます。たとえば、公開されているイラストを自身のホームページに挿入することや、公開されている用語の解説をブログに転載するといったことも、著作権者の許諾を得ずに行ってよいというわけです。ただし、いくら「フリー」といっても、すべての著作権が放棄されているとは限りません。「改変は禁止する」「出典を明記する」などの条件つきとなっていることも多いですから、サイトにあ

る利用規約をよく確認することが必要です。

●表示する方法はあるのか

　では、自身の作成したサイトの内容を著作権フリーとして閲覧者に公開したいと考えた場合、どのようにすれば、そのことを伝えることができるのでしょうか。

　たとえば、完全に著作権フリーのサイトにする場合には、「本サイトで公開する著作物の著作権をすべて放棄します」という一文を記載すればよいでしょう。しかし、「営利目的には使われたくない」「勝手に改変されるのは困る」など、一定の制限を設けたい場合には、そのことを記載した利用規約を作成して提示する必要があります。

　ただ、あまりに長い利用規約を作成すると、利用者にその意図が正確に伝わらないことも考えられます。この場合は、文化庁が提供している「自由利用マーク」を使用するというのも一つの方法でしょう。

　自由利用マークには、①コピーOK、②障害者OK、③学校教育OKの3つの種類があります。これらのマークを利用すると、一目でその制限の内容を伝えつつ、ある程度自由に著作物を使ってもらうという目的を果たすことができます。

■ 著作権フリーのサイトを利用する場合のチェックポイント ………

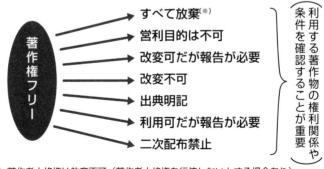

（※）著作者人格権は放棄不可（著作者人格権を行使しないとする場合あり）

新聞の切り抜きのコピーをすることは著作権侵害にあたるのでしょうか。

私的使用目的の場合を除き、著作権者に無断で行うと著作権侵害の問題が生じます。

　新聞の切り抜きをファイルに貼り付け、スクラップブックとして保管している人はたくさんいます。その目的は仕事の資料であったり、趣味の情報集めであったり、さまざまでしょう。新聞の記事は、単なる事実の伝達のみの内容である場合を除いて著作物であり、新聞社などに著作権が帰属していますから、無断でコピー（複製）をすると著作権侵害にあたります。ただ、自分で購入した新聞記事をスクラップブックにして保管する行為は、コピーをしていないため、著作権侵害にあたらず、自由に行うことができます。

　これに対し、スクラップブックをコピー機でコピーしたり、スキャナで取り込んでパソコンで管理したりするのは複製にあたるため、著作権者の許諾を得ずに行うと著作権侵害となります。ただし、自分のためであったり、家族や親しい友人に配る程度であれば、私的使用目的にあたるため、許諾を得なくても著作権侵害となりません。

　なお、著作権法30条1項1号は、「公衆の使用に供することを目的として設置されている自動複製機器を用いて複製する場合」は私的使用目的から除くと規定しています。つまり、自宅のコピー機以外でコピーする場合は、私的使用目的とは認めないということです。ただ、経過措置として、コンビニなどに設置されているコピー機については「公衆の使用に供することを目的として設置されている自動複製機器」

に含まないとされていますので、当面は私的使用目的としてコンビニなどのコピー機を使用しても問題ないでしょう。

　また、自分で購入したものではなくても、図書館などに置かれている資料であれば、研究調査目的の下、１人につき１部の複製物の提供を受けることができます。ただし、たとえ私的使用目的で複製した場合であっても、複製物を不特定多数の人に配ったり、会社の同僚や近所の住人という程度の知り合いに配ったりすると、私的使用目的の範囲を超えて著作権を侵害したと判断される点に注意が必要です。

●会社でコピーする場合は許諾が必要

　会社内においても、会社で購入した新聞記事をスクラップブックにして保管する行為は、複製をしていないため、著作権侵害にあたりません。しかし、作成したスクラップブックを会社のコピー機やスキャナを使って複製することは問題があります。いくら会社の社員が親しい関係であったとしても、会社での使用は私的使用目的の範囲内とは認められないからです。この場合、複製物を配布する人数などに関係なく、許諾を得なければ著作権侵害と判断されます。

　ただ、社内の会議や研修の場で新聞の切り抜きをコピーして配布したいときに、いちいち著作権者に許諾を得るというのでは、準備に時間もかかりますし大変です。そこで、日本新聞協会に加盟する新聞社・通信社などで構成される「新聞著作権協議会」では、企業や団体などで使用する小部数のコピーであれば、各新聞社などの許諾を得ることなく自由に行うことができるしくみを用意しています。

　まず、業務を委託されている「日本複写権センター」との間で利用許諾契約を締結します。日本複写権センターは、新聞著作権協議会をはじめ、日本美術著作権連合や日本文芸家協会といった著作者団体連合などから権利委託を受けており、その委託を受けている範囲内において、複写や電磁的複製の許諾を行うことができます。利用許諾契約を締結し、使用料を支払うと、利用者は契約期間中、そのつど許諾を

受けることなくコピーができるようになるわけです。

　ただし、コピーできるのは著作物の小部分、小部数であり（新聞著作権協議会の場合、複写は1回につき20部以内）、使用目的は原則として社内や組織内部での配布に限定されています。

■ 日本複製権センター（JRRC）の利用方法 ·························

① 頒布を目的としない複写や電磁的複製の利用許諾契約を結ぶ場合

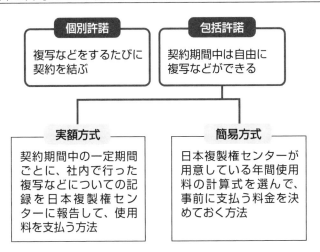

② 頒布を目的とした複写・譲渡に関する複写利用許諾契約を結ぶ場合

個別方式	包括方式
使用料規程に従って、それぞれの方式で支払う	

③ ファクシミリ送信に関する複写利用許諾契約を結ぶ場合

個別方式	包括方式
使用料規程に従って、それぞれの方式で支払う	

Q16 Question

雑誌の記事をスマートフォンのカメラで撮影することは著作権侵害にあたるのでしょうか。

 私的使用目的で著作権侵害ではなくても、他の問題が生じることがあります。

雑誌に掲載されているお店に行きたいと思ったときには、店の住所や電話番号をメモに取ったり、コピーをとったりしますが、最近はスマートフォンのカメラで雑誌の記事や写真を撮影するという方法で手軽に情報を持ち歩くことも多いでしょう。かさばるメモを持ち歩く必要もありませんし、簡単な操作で撮影できるわけですから、非常に便利な方法です。しかし、カメラで著作物の一部を撮影することは「複製」にあたるとされているため、撮影した写真の使い方によっては著作権侵害の問題が出てくることがあるのです。

●著作権侵害にあたる場合

雑誌に紹介されているお店をスマートフォンで撮影し、「このお店に行ってきました」といった形で、ホームページ、ブログ、SNSなどに紹介していることがあります。お店の外観や商品を自ら撮影して紹介しているならば、原則として著作権侵害の問題は生じませんが、雑誌に掲載されている写真を撮影して紹介した場合は、雑誌の著作権者の著作権（おもに複製権や公衆送信権）の侵害にあたります。

●著作権侵害にあたらない場合

雑誌に掲載されている記事や写真をスマートフォンのカメラで撮影しても、それを見ながら該当のお店を探したり、親しい友人に情報を教えるためにメールに添付したりする程度であれば、私的使用目的の

202

範囲内として著作権侵害の問題は生じないでしょう。

　ただし、書店やコンビニの店頭に置かれた雑誌の写真を撮影した場合には、著作権以外の問題が出てくる可能性があります。

　このような行為は「デジタル万引き」と呼ばれています。雑誌そのものを万引きしたわけではないため、窃盗罪に問われることはないのですが、お店にしてみれば歓迎できる行為ではないでしょう。

　たとえば、不当な目的によるお店への立入りとして、お店から建造物侵入罪を主張される可能性があります。お店から退去を命じられた後も撮影を継続すると、不退去罪として現行犯逮捕される可能性もあります。その他、民法が定める不法行為を指摘され、これを理由にお店から損害賠償請求をされる可能性もあります。

■ 雑誌の写真の撮影とネットへの公開 ⋯⋯⋯⋯⋯⋯⋯⋯⋯⋯⋯⋯⋯⋯

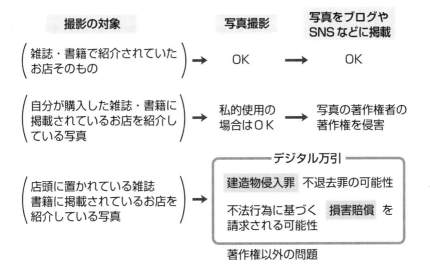

Question 17

編集の都合で論文を改変した場合や、氏名を表示しなかった場合は著作権法違反となるのでしょうか。

著作者の意に反する改変や、その意思表示に反する氏名不表示は、著作者人格権の侵害の問題を生じさせます。

　文集や社内報を編集する際に、掲載したい枠内に該当の著作物の文字数がどうしても合わないことがあったとします。この場合、編集者が、本文だけを掲載して氏名を表示しないようにする、本文の一部を削除する、意味がつながるように一文追加する、といったことを行うことがあります。

　これらの行為は、編集の都合上、やむを得ない作業であり、実際にもよく行われていると思われます。しかし、これらの行為を著作者に無断で行った場合には、とくに著作者人格権侵害の問題が生じることがあります。

●氏名が表示されていない場合

　著作物を公表する際に、その著作者の氏名を一緒に表示するかどうかは、著作者が決めることができます。これを氏名表示権といいます。氏名表示権は著作者人格権のひとつです。

　このとき表示する氏名は、実名でもよいですし、ニックネームやペンネームでもよく、どれを使うかも著作者の自由です。著作者が「著作物にペンネームを表示したい」という意思表示をしたにもかかわらず実名を表示したり、「匿名で著作物を公表したい」と希望したのに氏名を表示した場合には、著作者人格権の侵害となります。

ただ、著作者名の表示は、必ずしも行わなければならないものではありません。表示しなくても著作者の利益を害するおそれがない場合には、省略することが認められています。たとえば、イベントでアニメキャラクターの着ぐるみが登場する際、そのキャラクターの著作者の氏名を、それとわかるように表示しなくても、著作者人格権の侵害にはならないということです。

●改変がなされている場合

　文章は、たとえば、助詞の「が」が「で」に変更されるだけで全体の意味が変わってしまうことがあります。第三者にとってはどうでもいいと思われるような改変であっても、著作者にとっては大きな違いになる可能性もあります。このため、著作権法では著作物の同一性を保持する権利を著作者に認めています。したがって、著作者の意に反して、著作物の一部を変更したり、切除するなどの改変をすることは、著作者人格権の侵害にあたるというわけです。

　なお、教科書に掲載する場合や、著作物を利用するにあたってやむを得ない事情がある場合は、著作者の意に反する改変が認められることもありますが、通常は、著作者の意に反する改変が認められないと考えておいたほうがよいでしょう。

■ 氏名の表示と内容の改変 ···

氏名表示権	同一性保持権
・氏名を表示するかどうか？（表示する？しない？匿名？） ・表示する名前は？（実名？ペンネーム？） 原則として著作者の意思表示に従わないと著作権法違反となる！	・著作物の一部を切除（削除）する場合 ・著作物の一部を変更する場合 原則として著作者の意に反する改変は著作権法違反となる！

Question 18 他の著作物に掲載されている写真を用いる場合など、写真に写っている人に目隠しやトリミングをする行為はやむを得ない改変なのでしょうか。

Answer やむを得ない改変にあたる場合とそうでない場合があります。

　目隠しをすることが、その目隠しをされた人の権利保護のために必要である場合は、やむを得ない改変として認められます。裁判においては、原著作物の人物に目隠しをしないまま引用すると、目隠しをされた人物の名誉感情が害されるおそれが高い場合に、目隠しをして引用することがやむを得ない改変であるとしたケースがあります。

　また、トリミングとは、元の写真や映像の一部を切り落とすことをいいます。トリミングの場合も、元の写真や映像の著作者の意に反する改変にあたるか否かが問題になります。たとえば、人物を撮った写真の顔の部分を切り落とすようなトリミングは、原則として写真の著作者の意に反する改変といえるでしょう。しかし、元の写真のアスペクト比（縦と横の長さの比率）のままではどうしても誌面におさめることができないケースでは、原画の表現を損なわないように配慮しながら写真の端を切り落とすことは、やむを得ない改変と認められる可能性は高いといえます。

　これに対し、映画をテレビで放映したり、DVD化する際に、アスペクト比が異なるために、映画の著作者の許諾を得ずにトリミングを行うことは、アスペクト比によって映画を観る者に与える影響が変わるため、意に反する改変として著作者人格権の侵害にあたる可能性が高く、著作者の同意を得ていく必要があると考えられます。

漫画の原作者には著作権が あるのでしょうか。

漫画の原作者はその漫画について、漫画の 著作権者と同様の著作権を有します。

　漫画も著作権法上の保護を受ける著作物です。漫画の作者がストーリーや登場人物の台詞から絵まですべて１人で担当していれば、その作者１人が著作者となります。アシスタントに具体的指示を与えているときは、そのアシスタントは著作者とならず、作者のみが著作者となります。この場合、他人に著作権が譲渡されていない限り、漫画の作者１人が著作権者として著作権法上の権利を行使できます。

　しかし、複数人が１つの漫画を作成している場合には、著作権法上の権利の行使にあたって問題が生じやすいので注意が必要です。

　たとえば、Aが漫画のストーリーや台詞などの原稿を作成し、BはおもにAが作成した原稿を元に絵を描いたような場合です。この場合のように、AとBの役割分担がはっきりしているときは、Aが原作者となり、BはAの著作物である原稿を元にして作画したと判断されます。つまり、Aを原著作物の作者、Bを二次的著作物の作者として取り扱うことになります。AとBが共同で漫画を制作しても、Aがその原著作物の作者となり、Bは二次著作物の著作者となるのです。

　このとき、BがAに無断で画集を販売した場合に、著作権法上の問題が生じます。また、AとBが共同で漫画を制作したのではなく、Aの著作物をAに無断でBが勝手に漫画化して販売した場合も、著作権法上の問題が生じます。

●原著作物の著作権者の権利が及ぶ範囲は

　原著作物の著作権者（原著作権者）は、自身の著作物が翻案されて新しい著作物が創作された場合には、その新しく創作された著作物である二次的著作物に対しても、その二次的著作物の著作権者が有している著作権と同じ種類の権利を有します。

　たとえば、二次的著作物の著作権者が二次的著作物について持っている複製権は、原著作権者も同様に有しています。したがって、二次的著作物について無断複製があった場合には、二次的著作物の著作権者が侵害者に対して差止請求や損害賠償請求などを行うことができますが、原著作権者も同様の請求を行うことができます。

●著作権侵害になる場合とは

　たとえば、Aが作成した原稿を元にBが作画するという役割分担のもとに漫画を描いた場合、BがAに無断で画集を販売すると、Aの複製権を侵害したことになります。そのため、AはBに対して差止請求や損害賠償請求をすることができます。

■ 原著作物の著作権者は二次的著作物についても権利を持つ　…

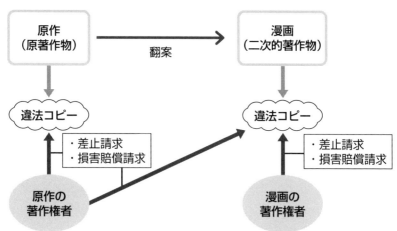

漫画のキャラクターを著作権者に無断で利用すると著作権侵害となるのでしょうか。

漫画のキャラクターの絵を利用する場合には著作権者の許諾を得る必要があります。

　漫画は著作物として保護されます。では、キャラクターも著作物といえるのでしょうか。著作物と認められるためには、思想や感情が創作的に表現されていなければなりません。しかし、キャラクターは、漫画という表現から現れた登場人物の人格ともいうべき抽象的な概念にすぎません。キャラクター自体は、思想や感情が創作的に表現されたものではありません。このため、キャラクターそれ自体は著作物ではないとされています。

　ただ、漫画の場合、文章からなる小説などとは異なって、美術の著作物としての性質も有しています。このため、表現されている漫画のキャラクターの絵については、美術の著作物として著作権法上の保護を受ける場合があります。

　したがって、漫画のキャラクターの絵をもとに製品化する場合には、その漫画について権利を有する著作権者の許諾を得るようにして、著作権侵害をしないように注意する必要があります。

　製品化する場合に問題となりやすいのは、そのキャラクターの絵を複製する場合や翻案する場合などです。

●複製する行為は

　著作権者は、漫画についての複製権を有していますから、その漫画に描かれているキャラクターの絵を複製する場合には、原則としてそ

の漫画の著作権者の許諾を得る必要があります。具体的には、紙に描いたりパソコン上のソフトを使って描いたりした上で、これをブログやホームページ上で公開した場合には、著作権者の許諾を得ていないと著作権侵害となります。漫画のキャラクターの絵をマネる場合だけでなく、スマートフォンなどで絵を撮影した場合も複製となります。

著作権にはさまざまな種類がありますが、複製したものをインターネット上に公開した場合には、著作権者が有する複製権や公衆送信権を侵害しているといえます。また、複製した写真などを販売した場合には、複製権や譲渡権の侵害となります。

ただ、インターネット上に公開したり販売したりするのではなく、私的使用目的で複製した場合には、著作権者の許諾を得なくても著作権侵害となりません。たとえば、漫画のキャラクターの絵を撮影して自分のスマートフォンの待受画面やパソコンの壁紙に設定する場合や、自分の部屋に飾っておく場合は、私的使用目的だといえます。

●フィギュア化した場合はどうか

漫画の絵として描かれていたキャラクターを変形して、フィギュアにした場合はどうでしょうか。

このような変形を翻案といいます。翻案とは、原著作物に依拠し、その本質的な特徴を維持しつつ、新たに創作的な表現をするものをいいます。具体的には、絵をそのままコピーやマネをする複製と異なって、二次元で描かれたものを三次元化する場合や、三次元の人形を二次元化してイラストで表現する場合などをいいます。たとえば、小説や漫画を映画化する場合が該当します。小説や漫画を映画化する場合と同様に、漫画に描かれたキャラクターの絵をフィギュアにする場合も翻案にあたるため、著作権者の許諾が必要となります。

ただし、私的使用目的の場合には、著作権者の許諾を得なくても著作権侵害にはなりません。たとえば、漫画のキャラクターの絵をもとにしてフィギュアを作って、それを自分の部屋に飾る程度であれば、

私的使用目的にあたり著作権侵害となりません。

　これに対し、漫画のキャラクターの絵をもとにフィギュアを作って他人に販売する場合は、著作権者の許諾が必要です。著作権者の許諾を得ずに販売すると著作権侵害になります。さらに、作ったフィギュアを写真に撮り、そのデータをSNSなどを通じてインターネット上に公開する場合も、著作権者の許諾が必要であるため、許諾を得ずに行うと著作権侵害になります。

●私的使用目的にならない場合とは

　漫画のキャラクターの絵を用いた画集を販売したり、漫画のコピーを販売したりする場合は、当然私的使用目的ではありません。著作権者の許諾を得ずに販売すれば、著作権侵害となります。

　では、宣伝用のチラシに漫画のキャラクターの絵を用いた場合はどうでしょうか。宣伝用のチラシの場合、キャラクターグッズを販売するわけではありません。しかし、宣伝チラシに利用することは、利用者の商売上の宣伝効果を高めるために利用しており、このような利用は私的使用目的とはいえません。したがって、漫画のキャラクターの絵を用いてお店の宣伝用のチラシを作成した場合には、著作権者の許諾を得ていないと著作権侵害となります。

●著作権侵害にならないようにするには

　漫画のキャラクター自体は著作物ではないとされていますが、漫画は著作物として保護されますし、そのキャラクターの絵などを利用する場合にも著作権侵害となる場合があることは前述したとおりです。

　このような点をふまえると、漫画のキャラクターを利用するにあたって著作権侵害とならないようにするためには、著作権者の許諾を得ることが一番確実な方法だといえます。

試験問題とその素材となる著作物を扱う場合にはどんなことに注意する必要があるのでしょうか。

試験問題の素材として用いるのか試験問題そのものを複製するのかで取扱いが異なります。

　試験問題（検定問題）という場合、学校の入試問題、会社の入社試験の問題、資格試験の問題などを想定することが多いでしょう。

　これら人の学識技能に関する試験問題の素材として小説・随筆・論評などの著作物が用いられた場合、著作権法上はどのような取扱いがなされるのでしょうか。これは試験問題の性質から考えてみるとわかりやすいでしょう。

　試験問題は、公平性を確保する観点から、実際に試験が開始される時点まで、その素材として使われているものを一般に知られるわけにはいきません。したがって、試験問題の作成とは無関係の著作権者から許諾を得るのは、試験問題の漏えいにつながる可能性があり、リスクが高いといえます。一方、著作物が試験問題で用いられても、著作物の売上げが落ちるなどの不利益が生じる可能性はあまりないといえます。こうしたことから、著作物を試験問題に用いる場合には、原則として著作権者の許諾は不要とされています。

　ただし、著作権者の許諾を得ずに試験問題として用いるには、以下の要件をすべて満たしている必要があります。

・人の学識技能に関する試験や検定の問題として用いること

・利用する著作物がすでに公表されたものであること

・営利目的の試験や検定に用いる場合には、著作権者に補償金を支払

うこと

・試験や検定を行う上で必要な限度において用いること

・出所を明示しなければならないという慣行がある場合には、試験や検定の問題中に出所を明示すること

・著作物の種類や用途に照らし、著作権者の利益が不当に害されるものではないこと

●許諾が必要なのはどのような場合か

インターネットを利用して行う試験や検定において著作物を利用する場合も、上記の要件をすべて満たすことによって、著作権者の許諾を得ずに著作物を試験問題に用いることができます。

ただし、インターネットを利用して行う試験や検定の場合は、試験問題をインターネットで配信する態様に照らし、著作権者の利益が不当に害されるものでないことも、無許諾で用いるための要件として必要とされています。したがって、試験や検定の受験者以外の人が試験問題を閲覧できないようにする措置を講じることなどが必要です。

また、小説・随筆・論評などを題材にした大学の入試問題を予備校がホームページに載せるような場合には、その小説・随筆・論評などの著作権者（原則的には作者）だけではなく、入試問題を作成した大学の許諾を得なければなりません。

●補償金が必要になることもある

試験や検定は学校だけが行うものではありません。会社が入社試験を行う場合もあります。会社が行うことは営利目的になるから、入社試験で著作物を用いる場合には、著作権者の許諾を得ない限り著作権侵害となってしまうと考えられそうです。しかし、会社は入社試験の問題を営利目的で作成しているわけではありません。応募者の能力を判断するために入社試験を実施しているにすぎません。したがって、入社試験の問題の素材として著作物が用いられた場合も、入学試験や資格試験と同様、前述した要件をすべて満たすことによって、著作権

者の許諾が不要になるとされています。

　ただし、その会社自身が自社の入社試験の問題を作成していない場合は別です。試験問題を作成する業者が存在し、会社はその業者が作成した試験問題を購入して入社試験を実施している場合、その業者は営利目的で試験問題を作成しているといえます。

　この場合は、業者が著作権者に対して補償金を支払わなければなりません。試験問題を作成してもらった会社は、それを入社試験として使用する限り、補償金を支払う必要はありません。

●学校の場合（授業の過程における使用）

　学校の教師は、授業の過程で使用する目的であれば、必要と認められる限度で、計算問題のドリルなどの公表著作物を、著作権者の許諾を得ることなく複製や公衆送信ができます。この場合、複製をするときは補償金の支払いが不要ですが、公衆送信（インターネット送信）をするときは補償金の支払いが必要です。これを授業目的公衆送信補償金といい、平成30年成立の著作権法改正で導入されました。

■ 試験問題に著作物を使う場合 ……………………………………

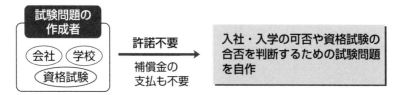

■ 学校の教師が授業のために著作物を使う場合 ………………

214

22 Question

令和２年から施行された授
業目的公衆送信補償金制度
とはどんな制度なのでしょ
うか。

学校での授業目的で著作物の公衆送信を行
う場合に補償金を支払う制度です。

　授業目的公衆送信補償金制度は、2018年（平成30年）成立の著作権
法改正で創設された制度で、2020年（令和２年）から施行されました。

　従来は、学校における授業の過程で利用するのに必要な限度で、遠
隔合同授業（対面授業の同時中継）での著作物の公衆送信に限り、著
作権者の許諾を得ることなく、無償で行うことができました。

　しかし、ICTを活用した教育を推進するため、遠隔合同授業である
か否かを問わず、学校における授業の過程で利用するのに必要な限度
で、補償金の支払いを条件として、著作権者の許諾を得ずに公衆送信
を行えるようになりました。たとえば、①対面授業の予習・復習用の
資料を送信、②対面授業で使う資料を送信、③オンデマンド授業（自
宅などで好きな時間に授業を受ける形態）で資料を送信、④スタジオ
型のリアルタイム配信授業で資料を送信、などができます。

　授業目的公衆送信補償金制度は、上記の公衆送信を行う学校が補償
金を支払う制度です。ただし、補償金は著作権者に直接支払うのでは
なく、「授業目的公衆送信補償金等管理協会」（SARTRAS）に支払い
ます。支払いは１年単位で、児童や生徒の人数に応じた金額が設定さ
れています。なお、塾や予備校、家庭教師は学校ではないため、授業
目的公衆送信補償金制度の対象外です。

23 Question 他人のアイデアを使って作成された原稿は著作権侵害にはあたらないのでしょうか。

アイデア自体は著作権法上保護されるわけではありません。

著作権法の規定により、他人の著作物を無断で利用して原稿を作成した場合、原則として著作権侵害が成立します。

では、他人のアイデアを無断で利用して原稿を作成した場合、そのアイデアを考案した他人の著作権を侵害したと言えるのでしょうか。他人の考案したアイデアだけではなく、他人の考案した企画や独自の考えを無断で利用して原稿を作成した場合はどうでしょうか。

他人のアイデアや企画、独自の考えを利用して自身の原稿を作成した場合に著作権法違反の問題が生じるかどうかを判断するには、アイデアや企画、独自の考えが著作物として保護されるのか、という点を知る必要があります。つまり、著作物として保護されるべきものである場合には、他人のアイデアや企画、独自の考えを無断で利用して自身の著作物を創作すると、著作権侵害の問題が生じます。

●アイデアは著作物ではないのか

著作物とは、思想や感情を表現したものとされています。これは、思想や感情が外部から認識することのできる具体的な形で表現されたものではない場合には、著作物にあたらないことを意味します。

さらに、文芸・学術・美術・音楽の範囲に属するものという条件がついています。したがって、思想や感情を表現していても、それが文芸・学術・美術・音楽の範囲外である場合には、著作物にはあたらな

いことになります。

　また、思想や感情を表現したものであっても、その表現が創作的なものでない場合には、著作物にはあたりません。

　他人のアイデアや企画、独自の考えといったものは、それ自体が外部から認識することのできる具体的な形で表現されていない限り、著作物とはいえません。したがって、他人のアイデアそれ自体を本人に無断で利用しても、著作権法上の問題は生じないのです。

●アイデアと表現の区別は難しい

　たとえば、作家Ａさんが執筆した小説の登場人物の設定や、ストーリー展開の大筋を、作家Ｂさんがそのまま利用して小説を執筆したとします。この場合、登場人物の設定、ストーリー展開がアイデアに過ぎず、著作物にあたらないと判断されると、Ｂさんの小説は著作権法上の問題が生じないことになります。しかし、これらが著作権法でいう思想または感情を創作的に「表現」したものとなると、著作物の無断利用となるため、著作権を侵害したことになります。

　結論としては、登場人物の設定、ストーリー展開の大筋であれば、アイデアに過ぎないと判断される可能性が高いでしょう。しかし、登場人物の設定をどの程度細かいところまで使うか、ストーリー展開の大筋といってもどの程度なら大筋というのかなど、アイデアと著作権法で保護される表現との区別が難しいケースもあります。「この程度ならアイデアだから大丈夫だ」と判断して、他人の著作物に含まれるアイデアを利用しても、著作権者からは著作権法で保護される表現を盗用したと主張されるおそれがあります。

　そこで、他人の著作物のアイデアを利用する自覚がある場合には、その著作権者の了解を取っておくのが安全策といえるでしょう。

楽曲を利用するために作曲家の許諾を得ようとしたところ、その人には許諾する権限がないと言われたのですが、こんなことはあり得るのでしょうか。

作曲者が著作権を譲渡したり、著作権の管理を委託している場合が考えられます。

楽曲を作った人（作曲家）は、その楽曲を作った時点では著作権を有しています。しかし、楽曲を世間に知ってもらうためには、作曲家個人の力だけでは限界がありますから、多くの場合、音楽出版社との間で自ら作った楽曲を販売してもらう契約を結びます。その際、作曲家は、作った楽曲に対して自分が持っている著作権を音楽出版社に譲渡する場合が多いようです。

その結果、楽曲を利用したい人が作曲家の許諾を得ようとしても、「私（作曲家）には許諾する権限がないためできない」と言われてしまうことが起こり得るのです。この場合は、その楽曲について著作権を持っている音楽出版社から許諾を得る必要があります。

また、著名な作曲者になればなるほど、楽曲の利用希望者も増えますから、その楽曲に関する著作権の管理は大変になります。許諾の手続きに忙殺されて、新たな楽曲を創出できなくなってしまっては本末転倒です。こうしたことから、楽曲の著作権を管理する著作権管理団体（JASRACなど）に対し、自身の楽曲の著作権の管理を委託することが多いようです。音楽出版社も同様で、作曲家から譲り受けた著作権の管理を著作権管理団体に委託する場合がよくあります。

第8章

著作権侵害・著作権管理・トラブル解決法

著作権法上の引用の仕方

引用とは

　引用とは、自分の思想や感情を表現するために、他人の著作物を自分の著作物の中に取り込むことをいいます。たとえば、「孔子が論語の中で述べている『義を見てせざるは勇なきなり』の精神で……」などといった使い方が引用にあたります。

　著作権法では、著作権者の許諾を得ないでした引用が許される場合について規定しています。著作物を公にしたときは、世間の賞賛や批判にさらされることをある程度は甘受せざるを得ないでしょう。また、他人の著作物を論評する場合には、その一部を引用することが避けられないケースもあるでしょう。著作物を見聞する側としても、引用があるほうが理解しやすくなります。著作者や著作権者にとっても、自分の著作物のどの部分が論評されているのかがわからなければ、反論のしようもありません。

　そこで、著作権法32条1項では、「公表された著作物は、引用して利用することができる」としています。著作権法で定める引用の範囲内である限り、著作権者の許諾がなくても、その著作物を利用して自分の著作物を創作することができるのです。

　ただし、引用は自由に行えるわけではなく、いくつかの条件が設定されています。なぜなら、自由な引用を許したのでは、盗作などの脱法行為を許すことにつながり、著作権が不当に害される結果となってしまうからです。

　なお、コンピュータプログラムの一部を自分が作成したコンピュータプログラムにコピーする行為は引用とはいえません。この場合は、著作権者の許諾が必要になります。

　また、著作権法32条1項では、引用は、「公正な慣行に合致するも

のであり、かつ、報道、批評、研究その他の引用の目的上正当な範囲内で行なわれるものでなければならない」と規定しています。この規定は、「引用だ」と言えば、何でも著作権者の許諾を得ることなく行うことができるわけではないことを示すものです。

たとえば、自分の書いた内容よりも他人の著作物の内容のほうが多い場合には、許された引用の範囲を超えていると判断される可能性が高いでしょう。したがって、他人の著作物を引用する際には、著作権法の規定を守り、引用の目的の範囲内で行うようにしなければなりません。具体的には、次に述べる引用として認められる場合を参考にして、著作権侵害とならないようにしてください。

どんな場合に許されるのか

以下、著作権法で許される引用となるための条件を説明します。

① **引用される著作物は公表済みのものであること（公表著作物）**

未公表の著作物を引用することは、その著作物の著作者が有する著作者人格権のひとつである公表権を侵害するおそれがあります。

② **引用の目的上正当な範囲を引用していること（主従関係）**

正当な範囲といえるためには、引用する側の著作物が「主」、引用される側の著作物が「従」という主従関係がなければなりません。主従関係は引用する量だけでなく、その質からも判断されます。

③ **引用する側の著作物と引用される側の著作物とを明瞭に区別して認識できること（明瞭区別性）**

この点が不明確だと結果として盗作と同じ効果が生じてしまいます。

④ **原則として他人の著作物の一部を引用していること（一部の引用）**

引用される著作物の種類によっては全部を引用することも許されると考えられます。たとえば、俳句のように極めて短い著作物の一部を引用することは不可能なことが多いでしょう。また、写真の著作物の場合は、その一部の引用では引用の目的を達することが通常は困難だ

と思われます。このような場合には全部の引用も可能でしょう。

⑤　公正な慣行に合致した引用であること（公正な慣行）

　たとえば、引用元を明記することが必要です（出所の明示）。著作物を見聞する人が、どの著作物から引用したのかを認識しやすいように、以下のような形で引用元を明記します。

・小説や論説などの文章が引用元となっている場合

　作品名・著者・出版元（出版社）を、かっこ書きなどによって付記します。新聞や週刊誌などの場合には、紙誌名・発行元・発売日などを付記します。

・楽曲が引用元となっている場合

　CD・DVDなどのタイトル、楽曲の制作会社（レコード会社など）、作詞者、作曲者、実演者などを記載します。

・Webサイトが引用元となっている場合

　Webサイトのタイトル・アドレスを明記したり、ブログなどで引用するときはリンクを貼ったりして、引用元を明確にします。

⑥　著作物を改変しないこと（無改変）

　著作物を改変して引用することは、著作者の同一性保持権を侵害するおそれがあります。同一性保持権とは、著作者人格権のひとつであって、著作者の意に反して著作物を改変することを許さないとする権利です。したがって、引用の際には著作物を改変しないで、忠実に引用しなければなりません。

著作権が制限される場合

権利は社会全体の利益と調和しなければならない

（狭義の）著作権は、著作権者が著作物を排他的・独占的に利用することができる権利です。言い換えると、著作権者の承諾なく、その著作物を他者が利用することは許されないということです。これに違反すると、差止請求や損害賠償請求を受けることになります。

ただ、権利というものは、社会全体の利益に沿う必要もあります。権利の性質によっても、制限を受けることがあります。

著作権にもこの考え方はあてはまります。著作権法は、一定の正当な理由がある場合に著作権を制限し、著作権者の許諾なく、その著作物を利用することができるとしています。

どのような場合に制限を受けるのか

著作権法の規定により、以下の場合には、著作権者の許諾なく著作物を利用することができます。

① 個人的に利用する場合（私的使用目的）

多くの人がすでに経験していると思いますが、著作物を複製（録画・録音など）しても、それが個人的にあるいは家庭内で楽しむためのものであれば、著作権を侵害することにはなりません。たとえば、TVドラマを録画しておいて、後で楽しむような場合です。

ただし、最近のCDやDVDに見られる録音・録画防止の信号を除去した上で、それらに収録されている著作物を複製する行為は、私的使用目的であっても著作権侵害にあたります。

② 引用として利用する場合

著作物を世に問うということは、それなりの批評を受けることは当然のことです。文化芸術はそのような切磋琢磨によって、向上して発

展していくものです。そのため、一定の要件を充たせば、著作物を引用しても著作権を侵害することにはなりません。「一定の要件」とは、①公表著作物、②主従関係、③明瞭区別性、④一部の引用、⑤公正な慣行、⑥無改変のことです（221～222ページ）。

③　図書館で利用する場合

　国立国会図書館、公立図書館、大学図書館などで、利用者の調査研究や図書館内の資料保存のために、一定の範囲で著作物を複製することは許されています。

④　営利を目的としない場合

　公立図書館が書籍やCDを無償で貸し出す場合のように、営利を目的とせず、利用者から料金（著作物の提供などの対価）を徴収しない場合には、公表された著作物を貸与することができます。

⑤　福祉や教育目的で利用する場合

　公表された著作物を点訳（点字に訳すこと）したり、字幕表記したりすることは、一定の条件の下で許容されています。また、学校で使用する教科書に掲載したり、大学入試などの試験問題で使用したりする場合なども、一定の条件の下で許容されています。

⑥　訴訟手続などで利用する場合

　訴訟手続では、必要な範囲において、公表されているかどうかを問わず、著作物を複製することが許されています。

⑦　報道のために利用する場合

　報道のために著作物を利用することは、時事の事件の報道を目的とする場合に、正当な範囲内において許容されています。

⑧　付随的・予備的利用の場合

　たとえば、写真に別の著作物が写り込んだ場合（付随対象著作物の利用）、社内検討のためにコピー（複製）をする場合（検討の過程における利用）が挙げられます。前者は令和2年の改正で著作権や著作隣接権の侵害とならない範囲が広がりました（156ページ）。

⑨　その他の利用の場合

　放送事業者が自らの放送や同時配信等（同時配信、追っかけ配信、一定期間の見逃し配信）のために一時的に録音や録画をする場合、美術品（原作品に限ります）の所有者がそれを展示する場合、プログラムの所有者が自ら実行するために複製や翻案（インストールやアップグレード）をする場合なども、原則として許容されています。

　なお、令和3年の著作権法改正で、放送や同時配信等を行う放送事業者に対し、放送番組での著作物の利用を許諾した場合は、別段の意思表示をしていない限り、放送だけでなく同時配信等での利用も許諾したと推定する（許諾を原則不要とする）制度が導入されました。

■ 著作物の無断利用が許される場合 ……………………………………

① 個人的に利用	TV ドラマを自分のために録画
② 引用として利用	引用の目的上正当な範囲内、明瞭区別性、主従関係などの要件を充たす場合
③ 図書館で利用	調査研究・資料保存目的
④ 営利目的でない	非営利・無償での貸し出し
⑤ 福祉・教育で利用	点訳、教科書への掲載、試験問題で使用
⑥ 訴訟で利用	必要な範囲での複製
⑦ 報道に利用	時事報道の目的、正当な範囲内で使用
⑧ 付随的・予備的利用	・写真に別の著作物が写り込んだ場合 ・社内検討のためにコピー
⑨ その他の利用	・放送事業者による一時的な録音や録画 ・美術品（原作品）所有者による展示 ・プログラム所有者によるコピーなど

著作権の集中管理

なぜ著作権管理団体が必要なのか

　著作物にあたるコンテンツを利用する場合、著作権者などの権利者から許諾を得なければなりません。しかし、著作権は、特許権・商標権・意匠権などとは異なり、国の機関に登録しなければ発生しない権利ではないので、利用者側としては、権利者を探すことが困難なケースがあります。一方、権利者側としても、多数の利用申込者といちいち個別に交渉しているのでは大変です。

　そこで、著作権を一括して集中的に管理するシステムが必要になるわけです。このような観点から、以前は「仲介業務法」という法律に基づいて著作権管理団体が設立され、著作権の集中管理が行われていました。著作権者は、著作権管理団体に著作権を信託し、これを受けて著作権管理団体は利用者に許諾を与え、使用料を徴収していたのです。

　しかし、上記のシステムには問題がありました。まず、対象となる著作物が楽曲・歌詞・脚本・小説の4分野に限られていたので、時代の変遷とともに、新しい著作物の取扱いに対応できなくなりました。次に、許可制が採られていたため、事実上新規参入ができず、独占市場となっていました。そのため、公正な競争が行われず、硬直的な管理運営が行われ、著作権者と利用者双方から不満が出ていたのです。

著作権等管理事業法の内容

　旧仲介業務法の不備を克服するために、2001年に新しく「著作権等管理事業法」が施行されました。

　著作権等管理事業法では、4分野以外にも著作権等（著作権と著作隣接権）を管理する団体の設立を認めているので、新しい著作物に対する集中管理も可能となりました。

また、許可制から登録制（一定の条件を満たせば事業を行うことができる制度）に変わったことにより、新規参入が可能になり、競争原理が働くことになりました。

　そして、委託の形態も以前のように包括的な委託だけでなく、支分権（複製権、公衆送信権、上演権などの著作権や著作隣接権に含まれる個々の権利のこと）の委託もできるようになったので、競争に伴う多様な管理委託もできるようになったのです。

著作権登録制度

　著作権は、国の機関に登録するという手続も経ずに権利が発生するため、トラブル発生時の解決が困難となることが多いです。こうした争いを避けるため、著作権にも登録制度があります。

　著作権が認められるためには、とくに登録や許可などは必要ありません。この点が、特許庁への登録によって権利が発生する産業財産権の制度と大きく異なります。ところが、このことが著作者や著作権者の特定を難しくする原因になっています。たとえば、「著作物の使用許諾を得たいが、誰が著作権者なのかがわからない」などのように、創作に複数の人が携わった場合などに著作権をめぐって争いとなることがあるのです。

　こうした問題を解消するため、一定の条件を満たす著作物について、その著作権を登録することができる制度が設けられています。これを「著作権登録制度」といいます。

登録できる種類とメリット

　著作権の登録は、プログラムの著作物はソフトウェア情報センター（SOFTIC）に、それ以外の著作物は文化庁に、それぞれ申請書を提出して行います。詳しくは文化庁のホームページを参照してください。

　著作権登録をしておくと裁判時にも役立ちます。たとえば、著作物

の第1発行年月日や第1公表年月日を登録することで、登録した年月日が実際の発行日・公表日であると推定されます。また、創作後6か月以内に申請してプログラムの著作物の創作年月日を登録すると、その年月日が創作日だと推定されます。

この他、著作権の譲渡や著作権への質権の設定などについても登録ができます。こうした権利の移転に関して登録を行うと、第三者に対してその効力を主張でき、裁判時に有利となります。

また、無名やペンネームなどの変名で創作した著作物につき、著作者の実名を登録することで、その実名が著作者であると推定されます。その結果、著作権の保護期間が著作者の死後70年まで存続します。

なお、令和3年からプログラム登録がされた著作物の著作権者などの利害関係人が、自らが保有する記録媒体に記録されたプログラムの著作物がそのプログラム登録がされた著作物であることの証明を請求できる制度が導入されました（プログラム登録に関する証明の請求）。

著作権を保護するための団体

登場人物が歌う場面のある漫画や、他人の曲を別の歌手が歌うカバーソングのCDジャケットなどに、「ＪＡＳＲＡＣｘｘｘｘｘ」などの表示を見ることがあります。JASRACとは日本音楽著作権協会のことで、ｘｘｘｘｘの部分には許諾番号が記載されています。

通常、著作物を複製したり演奏したりする場合は、著作権者の許諾を得て使用料を支払うなどの手続きをしなければなりません。しかし、著作権者に直接連絡を取るのは現実的に難しいことが多く、企業が事業として使用する場合は、膨大な数の著作権者に連絡を取って許諾を得るなどの事務が発生します。著作権者側にしても、個々の利用者と使用料や使用方法に関する契約を結ぼうと思うと、大変な時間と手間がかかります。そこで、著作権管理団体が結成され、登録された著作物に関して利用許諾や使用料の徴収、分配といった管理事務を行って

います。代表的な団体が、楽曲を管理するJASRAC（日本音楽著作権協会）です。前述の記載はJASRACに楽曲の使用許諾を申請し、使用料を支払って許諾番号を得たことを示しているわけです。

この他、小説や脚本などを管理する日本文藝家協会、美術・写真・グラフィックアートを管理する日本美術著作権機構（APG-Japan）などがあります。

実演家の権利を守る団体

著作権法では、著作権について定めるとともに、演奏家や俳優などの実演家が著作隣接権を有していることを定めています。著作隣接権についても、著作権と同様、著作隣接権の管理団体があります。実演家著作隣接権センター（CPRA）などがこれにあたります。

■ 著作権等管理団体の変遷 ···

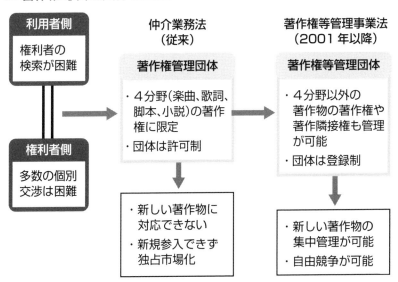

著作権保護制度

文化庁の著作権契約書作成支援システム

　著作権法を管轄する文化庁では、著作権保護を目的として著作権法に関する解説資料を公開したり、学校教育用の教材を用意したりするなど、さまざまな制度を設けています。

　著作権契約書作成支援システムもそのひとつです。著作権者と著作物の利用者の間で締結する契約書の作成を支援するためのもので、文化庁のホームページ（https://www.bunka.go.jp/index.html）にメニューが設けられています。たとえば、どの著作物を、どのような利用目的で、どの程度の範囲で利用するのか、氏名表示をするのか、報酬（利用の対価）はいくらか、当事者（著作権者と利用者）は誰か、といった項目を入力すると、著作権利用に関する一般的な条項が盛り込まれた利用許諾契約書の書式が作成されます。実際に使用する際には、書式をコピーしてwordファイルなどに貼り付け、必要に応じて部分的に書きかえるといったことができます。

　デジタル機器やインターネットの普及により、多くの人が気軽に著作物を創作できるようになった一方で、他人の著作物を利用する機会も多くなっています。中には著作権法の規定を知らないまま、著作権者の権利を侵害する人もいることから、契約書作成の重要性が増しています。これに対応するための手段のひとつとして、著作権契約書作成支援システムが公開されているのです。

自由利用マーク

　文化庁では、著作権者の意思を受けて著作権の保護をフリーにすることを示すマークも用意しています。これが「自由利用マーク」です。著作権者が自身の著作物について、広く公表し利用されることを望ん

でいる場合に、著作権の存在が、その意思の妨げにならないように、著作物の一般的な利用を促す制度といえます。なお、自由利用を認める期間を一定期間に限定することは可能ですが、自由利用マークの撤回は難しいため、著作権者は注意が必要です。

　自由利用マークには、①コピーＯＫ、②障害者による非営利目的利用ＯＫ、③学校教育ＯＫの３種類があり、著作権者が自身の管理する著作物につけることにより、利用者は対象・目的の範囲内で複製や無料配布といった利用を自由に行うことができるようになります。

クリエイティブ・コモンズ・ライセンスという考え方

　実際は、自由利用マークの利用はあまり普及していません。というのも、国際的非営利組織によるプロジェクトである「クリエイティブ・コモンズ・ライセンス」と呼ばれる国際的な表示ツールが、我が国ばかりではなく世界の多くの地域で用いられており、文化庁が独自に配布する表示ツールを使用する意義は大きくないためです。

　クリエイティブ・コモンズ・ライセンス（一般にCCライセンスと表記されます）とは、著作権者が「この条件を守ってくれるのであれば私の著作物を自由に利用してかまいません」という、意思表示をするために用いるマークを指します。著作物の利用は、現在ではインターネットを通じて、国内外のさまざまな場面で、広く使用することが想定されます。そこで、逐一遠く離れた外国の著作権者の許諾を得なくても、著作物を利用可能にするために、統一的な著作物の使用ルールを先導するツールとして、CCライセンスは機能しています。CCライセンスを用いることで、著作物の利用者は、著作権者の許諾を得ることなく、著作物について、作品を使用・配布することの他、一定の範囲で改変などを行うことができます。その一方で、著作権者は自身の著作権を失いません。

クリエイティブ・コモンズ・ライセンスの種類

CCライセンスは、著作物の保護の態様に応じて、いくつかの種類がありますが、その前提として、著作権者の権利態様に関して、両極端の概念を押さえておく必要があります。

まず、著作物の保護期間（著作者の死後70年間が原則）の満了まで、著作物に対するすべての著作権が保護された状態があります。これは「All rights reserved」（ⓒ）と表記され、著作権者が著作物に関するすべての権利を主張することが認められた状態をいいます。これに対し、著作権の保護期間が満了したり、著作権者が著作物に関する権利を放棄したりした状態を「パブリックドメイン」（Ⓟ）といいます。この場合は、著作権者であっても、著作物に関する著作権などを主張することができません。

CCライセンスは、ⓒとⓅの中間に位置づけられます。つまり、著作権者が持つような完全な権利ではないものの、限定された著作物に対する権利を主張するライセンスを取得することができるということです。CCライセンスの種類には、利用者に認められた著作物の利用条件に応じて、以下の4種類があります。

① **表示（BY）**

表示とは、著作物に関する著作者の氏名や著作物の作品名など、著作物に関する情報（クレジット）を表すことをいいます。

② **非営利（NC）**

非営利とは、利用者が営利目的で著作物を利用することはできないことを表しています。

③ **改変禁止（ND）**

改変禁止とは、利用者が元の著作物について改変を行うことができないことを表しています。

④ **継承（SA）**

継承とは、利用者に著作物の改変が認められている場合に、改変し

た作品について、利用者がその作品に、元の著作物と同一の組み合わせのCCライセンスを付けなければならないことを表しています。

　以上の４種類のマークを組み合わせることで、利用者には、以下の@〜fとして記載した６種類のライセンスのいずれかが認められます。つまり、@表示（BY）、b表示（BY）－継承（SA）、c表示（BY）－改変禁止（ND）、d表示（BY）－非営利（NC）、e表示（BY）－非営利（NC）－継承（SA）、f表示（BY）－非営利（NC）－改変禁止（ND）の６種類です。たとえば、b表示（BY）－継承（SA）のライセンスが認められた利用者は、著作物のクレジットを表示して、元の著作物に改変を加えない限り、営利目的で著作物を複製したり配布することが認められるということです。

■ 著作権契約書作成支援システムと自由利用マーク………………

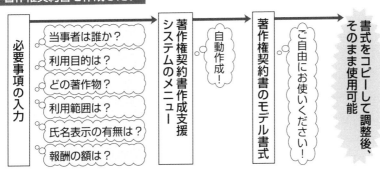

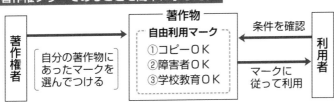

著作権侵害

直接侵害と擬制侵害がある

　著作権法は、著作物を対象とする著作権などを認め、それを法的に保護しています。権利が認められるということは、それに対する侵害が禁止され、侵害行為があった場合には民事上あるいは刑事上の責任が発生するということです。著作権法では、たとえば、以下のような場合に、著作権などの侵害に該当するとしています。

① **直接侵害**

　行為自体が著作権などを侵害する場合（直接侵害）として、次のものを挙げています。

ⓐ　正当な理由（私的使用目的など）がないのに、著作権者に無許諾で著作物を利用する行為（著作権侵害）

ⓑ　著作者に無許諾で著作物を公表する行為（著作者人格権侵害）

ⓒ　出版権者以外の者による無断出版行為（出版権侵害。文書・図画などの紙媒体の形式だけでなく、電子書籍などのデータの形式も出版権にいう「出版」に含まれます）

ⓓ　著作隣接権者に無許諾で実演などをする行為（著作隣接権侵害）

② **擬制侵害（みなし侵害）**

　行為自体は著作権などを侵害しないものの、たとえば、侵害につながる以下のような行為は、侵害行為とみなされます（擬制侵害）。

ⓐ　国内で頒布する目的で、輸入時に国内で作成されていれば侵害行為となるべき行為によって作成された物を輸入する行為

ⓑ　侵害行為によって作成された物であることを知りながら、これを頒布し、あるいは頒布目的で所持する行為

ⓒ　リーチサイト・リーチアプリ（違法にアップロードされた著作物へのリンク情報を集約したサイト・アプリ）において侵害コンテン

ツへのリンクを提供する行為

ⓓ　リーチサイト運営行為、リーチアプリ提供行為

ⓔ　プログラムの違法コピーを業務上コンピュータで使用する行為

ⓕ　技術的利用制限手段（アクセスコントロール）の回避

ⓖ　技術的保護手段（コピーコントロール）の回避や技術的利用制限
手段の回避をその機能とする指令符号の提供など

ⓗ　著作者の名誉声望を害する方法による著作物の利用（著作者人格
権の侵害とみなす）

著作権侵害と民事・刑事上の責任

　著作権などの侵害行為が行われると、侵害行為者に民事上および刑
事上の責任が発生します。

①　民事上の責任

　侵害行為が行われると、著作権者などの権利者には、侵害行為に対
する差止請求権が発生します。とくに著作権は排他的・独占的に著作
物を利用することができる権利だからです。

　著作権者などに損害・損失が生じた場合には、侵害行為者に対す
る損害賠償請求権・不当利得返還請求権が発生します。不当利得と
は、法律的な裏づけがないのに利益を得て、その結果として他人に損
害を与えることをいいます。もっとも、海賊版が出たことにより権利
者側にどれだけの損害が発生したかは、証明が非常に困難です。そこ
で、正規品の販売数量の減少による損害額は、海賊版の販売数量に正
規品１個あたりの利益を掛け合わせた額とすることを可能としていま
す。これにより権利者側の証明の負担が軽減されます。

②　刑事上の責任

　著作権などの侵害行為者には、原則として10年以下の懲役もしくは
1,000万円以下の罰金が科されます（これより軽い罰則もあります）。

著作権侵害の対抗法

損害賠償請求できるのか

たとえば、自分が書いた小説の海賊版が出回って売上げが下がったとしましょう。この場合、その海賊版を売って利益を上げた侵害者に対して、損害賠償請求をすることができます。損害賠償を請求する場合、次の要件を満たしていなければなりません。

① 著作権侵害がなされたこと（違法な行為があったこと）

② 実際に著作権者に損害が生じていること

③ 損害と著作権を侵害する行為との間に因果関係があること

請求額の算定方法は、著作権法で次のように定められています。

① 侵害者が販売した額×著作権者が正規品１つから受ける利益

② 侵害者が違法コピーを行って得た利益

③ 著作権者が通常受けるべき金額

①もしくは②の方法の場合、それぞれの額を損害額として推定することになります。③の方法の場合、その受けるべき金額を請求額とすることになります。いずれの方法を用いるべきかの判断は、侵害された著作物や著作権者自身の状況にあった方法を選ぶことになります。

一方、著作権を侵害されたというよりも、たとえば、大量の海賊版が出回ったために利益が下がったというよりも、粗悪な改変をされたために、作品や作者のイメージが著しく低下したり、名誉を傷つけられたりする場合もあります。この場合、利益が下がったことに関する損害賠償を請求するよりも、傷つけられたイメージや名誉を回復したいところです。著作者には著作者人格権がありますから、イメージや名誉を回復するために、著作者が侵害者に対して適当な措置をとるように求めることは可能です。具体的には、侵害者に謝罪広告の掲載を求める場合が多いようです。なお、謝罪広告の掲載などを求める場合

には、侵害者の行為が故意もしくは過失によることが必要です。

内容証明郵便の出し方

　著作権を侵害された場合、侵害者に対して損害賠償を請求したり謝罪広告の掲載を求めたりすることができます。その際、いきなり訴訟を起こすよりも、内容証明郵便を出して相手の出方をうかがうのも一つの方法です。特殊な郵便物ですから、受け取った側は、たいてい何らかの反応をしてきます。内容証明郵便は、誰が・いつ・どんな内容の郵便を・誰に送ったのか、を日本郵便株式会社が証明してくれる特殊な郵便です。配達証明つきにしておけば、郵便物を発信した事実からその内容、さらには相手に配達されたことまで証明してくれます。

　内容証明郵便は、受取人が1人の場合でも、同じ内容の文面の手紙を最低3通用意する必要があります。同じ内容の文面を複数の相手方に送る場合には、「相手方の数＋2通」分用意します。用紙の指定はとくにありません。一度送ってしまったら、後で訂正はできないので、表現はできるだけ簡潔に、しかも明確に書くことが大事です。前置きは省略して本論から書き始めましょう。

　内容証明郵便では1枚の用紙に書ける文字数に制約があります（次ページの図を参照）。枚数に制限はありませんが、1枚ごとに料金が必要になります。なお、インターネットを利用して「電子内容証明サービス」で内容証明郵便を送る場合は、1枚あたりの文字数制限はありません（文字ポイントサイズの下限は10.5ポイントです）。

　字句を削除・訂正する場合は、その部分に2本線を引きます。消した文字は塗りつぶさないようにしてください。訂正して正しく書き加える文字は、2本線を引いて消した文字の右側（横書きの場合は上側）に書き添えます。文字を挿入する場合には、挿入する箇所の右側（横書きの場合は上側）に文字を書き、波括弧で挿入位置を指定します。このようにして字句を削除・訂正・挿入した場合には、削除・

訂正・挿入をした行の上欄または下欄（横書きの場合は右欄または左欄）の余白、あるいは末尾の余白に「○行目○字削除」「○行目○字訂正」というように記し、これに押印しなければなりません。

　完成した書面3通（受取人が複数ある場合には、その数に2通を加えた数）と、差出人・受取人の住所氏名を書いた封筒を受取人の数だけ持って、郵便局（差出事業所）の窓口へ持参します。その際、訂正用の印鑑を持っていくとよいでしょう。

　郵便局に提出するのは、内容証明の文書、それに記載された差出人・受取人と同一の住所・氏名が書かれた封筒です。窓口で、それぞれの書面に「たしかに何日に受けつけました」という内容の証明文と日付の明記されたスタンプが押されます。その後、文書を封筒に入れ、再び窓口に差し出すと、受領証と控え用の文書が交付されます。これは後々の証明になりますので、大切に保管しておいてください。

■ 内容証明郵便の書き方 ·······························

用　紙	市販されているものもあるが、とくに指定はない。B4判、A4判、B5判が使用されている。
文　字	日本語のみ。かな(ひらがな、カタカナ)、漢字、数字(算用数字・漢数字)。外国語不可。英字は不可(固有名詞に限り使用可)
文字数と行数	縦書きの場合　　：20字以内×26行以内 横書きの場合①：20字以内×26行以内 横書きの場合②：26字以内×20行以内 横書きの場合③：13字以内×40行以内
料　金	文書1枚（440円）＋郵送料（84円）＋書留料（435円）＋配達証明料（差出時320円）＝1279円 文書が1枚増えるごとに260円加算

※令和元年10月1日消費税10％改訂時の料金

　　著作権侵害警告及び謝罪文掲載請求書

　　貴殿が令和○年○月○日発刊の月刊誌「○
○○○」に掲載した小説「○○○」の○○か
ら○○の部分は、当方が「○○○」ですでに
発表済みの小説「○○」と同一の内容及び表
現をとっており、当方の著作権を侵害するも
のであります。
　　したがいまして、当方としては、今後、貴
殿が小説「○○○」を公刊及び発表しないこ
とと、次回発刊される月刊誌「○○○○」に
て、本件著作権侵害の事実及び謝罪文を掲載
することを請求いたします。

　　令和○年○月○日
　　　　東京都○○市○○町1丁目2番3号
　　　　　　　　　　　　河竹次郎　　㊞
　　東京都○○区○○2丁目3番4号
　　矢田一郎　　殿

SNS、ブログなどで著作権侵害があった場合の対策

プロバイダを介したトラブル対応策

　インターネットの普及に伴い、誰でも簡単に情報の入手と発信を行えるようになった反面、情報の流通による権利侵害の問題も増加傾向にあります。情報の流通による権利侵害の代表例には、著作権侵害の他に、商標権侵害、名誉毀損などがあります。

　このような権利侵害を受けた場合は、プロバイダ責任制限法に定められたプロバイダに対する情報の削除依頼（送信防止措置依頼書の提出）を検討しましょう。プロバイダ責任制限法にいう「プロバイダ」とは、ISP（インターネット接続を提供する事業者）に限らず、サーバやWebサービス（SNS、掲示板、ブログなど）の管理者・運営者も含みます。

　プロバイダ責任制限法に基づき、送信防止措置依頼書を送付する際には、法人登記事項証明書と法務局に登録された会社実印（代表者印）の印鑑証明書（個人の場合は、依頼者の本人確認資料と実印、印鑑証明書）、情報流通によって自己の権利が侵害されていることを証する資料などを添付する必要があります。

　また、送信防止措置依頼書の送付は、権利侵害に該当する情報流通元のプロバイダに対して行うため、まずはプロバイダの会社情報や利用規約などを確認します。多くのプロバイダは、会社情報や利用規約の欄に、削除依頼に関する依頼方法や連絡先（依頼窓口）の情報を記載しています。プロバイダごとに定められた手続きに従っていれば、プロバイダ各自の審査に基づいて、送信防止措置を講ずるか否かの判断がなされます。もっとも、どのような内容が削除の対象になるかは、いずれのプロバイダも明確には示していません。そのため、発信者情報開示請求が認められる基準が参考になるといえます。

発信者情報開示請求の検討

　インターネット上の情報の流通は匿名で行われ、発信者情報が不明なことが多くあります。削除依頼が認められても、別のプロバイダのWebサービスに権利侵害情報が掲載され続けるケースもあります。

　そこで、インターネット上の権利侵害情報に対しては、直接その発信者に民事上の差止請求（削除請求）や損害賠償請求を行う他、刑事上の責任を問うため警察に告訴・告発を行うことも考えられます。プロバイダ責任制限法は、必要な場合に、発信者情報を被害者に開示する手続きを定めています。これを発信者情報開示請求といいます。

　プロバイダ責任制限法に基づく発信者情報開示請求は、権利侵害が確認できるアドレス（URL）、権利侵害の事実とその内容、開示を受けるべき理由、求める情報の範囲などを記載して、原則として書面により行います（電子メールやFAXで行える場合は限られています）。

　手続きの詳細などについては「プロバイダ責任制限法関連情報Webサイト」（http://www.isplaw.jp/）などで公表している「プロバイダ責任制限法発信者情報開示関係ガイドライン」を参照しましょう。

発信者情報が開示される例

　発信者がプロバイダの行う意見聴取に際し、自己の情報開示に同意するケースは考えにくく、通常はプロバイダ自身が発信者情報の開示の許否を判断します。

　請求者の指定する著作物について、発信者がその全部または一部を複製または公衆送信していることが確認されれば、発信者情報が開示される可能性があります。たとえば、レコードを製作した上で、CDとして販売しているA社の楽曲が、複製ファイルとしてファイル共有ソフトを介して不特定多数の者が受信できる状態に置かれていた事例で、発信者情報の開示が認められています（東京地裁平成17年6月24日）。

書式　送信防止措置依頼書（著作権侵害）

令和 ○ 年 ○○ 月 ○○ 日

【株式会社○○○○】　御中

氏　名　　樋口　美千代　　㊞

著作物等の送信を防止する措置の申出について

　私は、貴社が管理する URL：【 http://○○○○.blog.book.jp/（文学背くらべにっき）】
に掲載されている下記の情報の流通は、下記のとおり、申出者が有する【著作権法第 23 条に
規定する公衆送信権】を侵害しているため、「プロバイダ責任法著作権関係ガイドライン」に
基づき、下記のとおり、貴社に対して当該著作物等の送信を防止する措置を講じることを求め
ます。

記

1. 申出者の住所	【〒 ○○○-○○○○ 東京都文京区○○１-１-１　】		
2. 申出者の氏名	【　樋口　美千代 】		
3. 申出者の連絡先	電話番号	【 ０３-○○○○-○○○○】	
	e-mail アドレス	【 ichi@ ○○○ .com】	
4. 侵害情報の特定 のための情報	URL	【 http://○○○○.blog.book.jp/ 】	
	ファイル名	【　○○○○.log 】	
	その他の特徴	【　○○○○年○月○日～○月○日更新分　】	
5. 著作物等の説明	侵害情報により侵害された著作物は、私が創作した著作物「ウェブログ記事」を転載したものです。参考として当該著作物の写しを添付します。		
6. 侵害されたとする権利	著作権法第 23 条の公衆送信権（送信可能化権を含む。）		
7. 著作権等が侵害 されたとする理由	私は、著作物「今日の美千代にっき」に係る著作権法第 23 条に規定する公衆送信権（送信可能化権を含む。）を有しています。本ウェブログ記事は○○○○年まで私が創作していたものであり、本著作物を公衆送信（送信可能化を含む。）することを許諾する権限をいかなる者にも譲渡又は委託しておりません。		
8. 著作権等侵害の 態様	1　ガイドラインの対象とする権利侵害の態様の場合 　　侵害情報は、以下の　■の態様に該当します。 □a）　情報の発信者が著作権等侵害であることを自認しているもの ■b）　著作物等の全部又は一部を丸写ししたファイル（ a ）以外のものであって、著作物等と侵害情報とを比較することが容易にできるもの） □c）　b）を現在の標準的な圧縮方式 (可逆的なもの)により圧縮したもの 2　ガイドラインの対象とする権利侵害　の態様以外のものの場合 (権利侵害の態様を適　切・詳細に記載する 。)		
9. 権利侵害を確認 可能な方法	○○の方法により権利侵害があったことを確認することが可能です。		

　上記内容のうち、５・６・７・８の項目については証拠書類を添付いたします。
　また、上記内容が、事実に相違ないことを証します。

以　　上

書式　発信者情報開示請求書（企業の著作権が侵害された場合）

令和○年○○月○○日

【株式会社○○○○】御中

　　　　　　　　　　　　　　［権利を侵害されたと主張する者］（注1）
　　　　　　　　　　　　　住所　神奈川県○○市○○町○丁目○番○号
　　　　　　　　　　　　　　　　株式会社　××××
　　　　　　　　　　　　　氏名　代表取締役社長　××××　㊞
　　　　　　　　　　　　　連絡先 046－○○○－○○○○

発信者情報開示請求書

　［貴社・貴殿］が管理する特定電気通信設備に掲載された下記の情報の流通により、私の権利が侵害されたので、特定電気通信役務提供者の損害賠償責任の制限及び発信者情報の開示に関する法律（プロバイダ責任制限法。以下「法」といいます。）第4条第1項に基づき、［貴社・貴殿］が保有する、下記記載の、侵害情報の発信者の特定に資する情報（以下、「発信者情報」といいます）を開示下さるよう、請求します。

　なお、万一、本請求書の記載事項（添付・追加資料を含む。）に虚偽の事実が含まれており、その結果貴社が発信者情報を開示された契約者等から苦情又は損害賠償請求等を受けた場合には、私が責任をもって対処いたします。

記

［貴社・貴殿］が管理する特定電気通信設備等	（注2）http://○○○○.co.jp/××××.html
掲載された情報	当社の著作物である素材集「ビジネスクレイアート集Vol.2」ファイル番号「0012,0035,0076,0081」合計4点（添付別紙参照）
侵害情報等	侵害された権利	**著作権（複製権、送信可能化権）**

	侵害された権利	**著作権（複製権、送信可能化権）**
侵害情報等	権利が明らかに侵害されたとする理由（注3）	http://○○○○.co.jp/××××.htmlに掲載されている画像は、当社の著作物である素材集「ビジネスクレイアート集Vol.2」の4点から無断使用しており、これは当社サイトのサムネイル画像（見本）からダウンロードして利用していることが画像の解像度と「コピー不可」の文字を消した跡から明らかです。よって、貴社が管理するWebサイトにおいて、当社の著作物が送信可能な状態にあることは、発信者が当社の製品を正当に購入しかつ、ライセンス許諾を一切受けずになされているものであり、著しい著作権侵害であります。
	発信者情報の開示を受けるべき正当理由（複数選択 可）（注4）	① 損害賠償請求権の行使のために必要であるため② 謝罪広告等の名誉回復措置の要請のために必要であるため③ 差止請求権の行使のために必要であるため④ 発信者に対する削除要求のために必要であるため5．その他（具体的にご記入ください）

		① 発信者の氏名又は名称
開示を請求する発信者情報（複数選択可）		② 発信者の住所 ③ 発信者の電子メールアドレス ④ 発信者が侵害情報を流通させた際の、当該発信者のIPアドレス（注5） 5. 侵害情報に係る携帯電話端末等からのインターネット接続サービス利用者識別符号（注5） 6. 侵害情報に係るSIMカード識別番号のうち、携帯電話端末等からのインターネット接続サービスにより送信されたもの（注5） ⑦ 4ないし6から侵害情報が送信された年月日及び時刻
証拠（注6）		**添付別紙参照**
発信者に示したくない私の情報（複数選択可）（注7）		1. 氏名（個人の場合に限る） 2. 「権利が明らかに侵害されたとする理由」欄記載事項 3. 添付した証拠

（注1）原則として、個人の場合は運転免許証、パスポート等本人を確認できる公的書類の写しを、法人の場合は資格証明書を添付してください。

（注2）URLを明示してください。ただし、経由プロバイダ等に対する請求においては、アドレス等、発信者の特定に資する情報を明示してください。

（注3）著作権、商標権等の知的財産権が侵害されたと主張される方は、当該権利の正当な権利者であることを証明する資料を添付してください。

（注4）法第4条第3項により、発信者情報の開示を受けた者が、当該発信者情報をみだりに用いて、不当に当該発信者の名誉又は生活の平穏を害する行為は禁じられています。

（注5）IPアドレス、携帯電話端末等からのインターネット接続サービス利用者識別符号及びSIMカード識別番号のうち、携帯電話端末等からのインターネット接続サービスにより送信されたものについては、特定できない場合がありますので、あらかじめご承知おきください。

（注6）証拠については、プロバイダ等において使用するもの及び発信者への意見照会用の2部を添付してください。証拠の中で発信者に示したくない証拠がある場合（注7参照）には、発信者に対して示してもよい証拠一式を意見照会用として添付してください。

（注7）請求者の氏名（法人の場合はその名称）、「管理する特定電気通信設備」、「掲載された情報」、「侵害された権利」、「権利が明らかに侵害されたとする理由」、「開示を受けるべき正当理由」、「開示を請求する発信者情報」の各欄記載事項及び添付した証拠については、発信者に示した上で意見照会を行うことを原則としますが、請求者が個人の場合の氏名、「権利侵害が明らかに侵害されたとする理由」及び証拠について、発信者に示してほしくないものがある場合にはこれを示さずに意見照会を行いますので、その旨明示してください。なお、連絡先については原則として発信者に示すことはありません。

ただし、請求者の氏名に関しては、発信者に示さなくとも発信者により推知されることがあります。

以上

［特定電気通信役務提供者の使用欄］

開示請求受付日	発信者への意見照会日	発信者の意見	回答日
（日付）	（日付） 照会できなかった場合はその理由：	有（日付） 無	開示（日付） 非開示（日付）

トラブル解決の手段

どんな手段が考えられるのか

　著作権をめぐるトラブルとして、もっとも典型的な例として挙げられるのは、自分が著作権を持っている著作物について、許可なく他人が著作物を利用した場合です。たとえば、著作権者が制作した書籍について、他人が無断でコピーして販売していた場合には、著作権者の複製権を侵害しているといえます。

　著作権をめぐるトラブルにおいても、まずは当事者間の話合いによる解決が望ましいということになります。つまり、著作権者は、侵害者に対して、①自分の著作権を侵害していること、②著作権の侵害を止めるよう求めること、③（場合によって）損害賠償請求や名誉回復等請求に応じるよう求めること、などについて、内容証明郵便などで通知します。これに対して、侵害者が著作権の侵害を認め、謝罪し、場合よっては損害を賠償し、著作権者の名誉回復のために謝罪広告などを掲載することによって、トラブルを解決することが可能です。

　しかし、侵害者が著作権侵害について否定する場合が考えられます。この場合には、著作権者は、著作権法の規定などに従って、侵害者の行為が、自身の著作権に対する侵害であることを、主張・立証しなければなりません。また、仮に侵害者が著作権の侵害を認めているとしても、当事者間でトラブルを解決することが困難な場合もあります。たとえば、著作権侵害に基づく損害賠償や名誉回復等請求に応じない場合、トラブルが長期化するおそれがあります。この場合にも、侵害者の行為が、法的な損害賠償請求権などを基礎づけることについて、著作権者が主張・立証する必要があります。

　このように、著作権侵害をめぐるトラブルが法的紛争に発展した場合には、最終的には訴訟による解決が必要になることがあるため、著

作権者は、弁護士会などの専門家に意見を求める必要があります。

第三者を介した手続き

　もっとも、著作権をめぐるトラブルが訴訟に至る前に、第三者が介入することで解決に導かれる場合もあります。

　まず、第三者の介入による手続には、民事調停が考えられますが、著作権に関するトラブルについては、文化庁が特別に紛争解決あっせん制度を用意しています。紛争解決制度においては、当事者が紛争解決のあっせんを求めた場合に、著作権関係の有識者から構成されるあっせん委員（3名以内）が、当事者双方の主張を聴き、解決案を提示します。当事者が解決案に従うとトラブルが解決されますが、解決案に従うか否かは当事者の任意であり、従わない場合や、途中であっせんが打ち切られることもあり、この場合にはうまく機能しません。

　また、日本弁護士連合会と日本弁理士会が運営する日本知的財産仲裁センターに対して、仲介を求めることも可能です。日本知的財産仲裁センターは、裁判外紛争処理解決（ADR）を担う機関の一種として、相談、調停、仲裁というトラブル解決手段を備えています。

■ トラブル解決の手段……………………………………………………

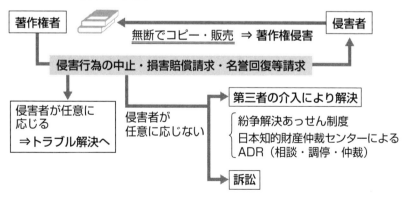

Column

レコード・レコード実演、映像実演の利用円滑化

　同時配信等とは、インターネットを用いた放送番組の同時配信、追っかけ配信（放送が終了するまでの間に配信が開始されるもの）、一定期間の見逃し配信（1週間を基本とする）のことを指します。

　同時配信等は、高品質なコンテンツの視聴機会を拡大させるもので、視聴者の利便性向上やコンテンツ産業の振興などの観点から重要な役割を担っています。ただ、放送番組には多様かつ大量の著作物が利用されているので、同時配信等を推進する際には、これまで以上に迅速・円滑な権利処理を可能とする必要があります。

　現行法では、放送番組でレコード（音源）・レコード実演（音源に収録された歌唱・演奏）・映像実演（俳優の演技など）を利用する場合に、権利者（著作権者など）の事前の許諾が不要とされています。これに対し、同時配信等でこれらを利用する場合には、原則として権利者の事前の許諾が必要とされています。もっとも、同時配信等についても、著作権等管理事業者による集中管理等が行われている場合には、円滑に許諾を得ることができます。

　しかし、著作権等管理事業者による集中管理等が行われていない場合には、放送番組で使ったレコード・レコード実演・映像実演について、円滑に権利者の許諾を得ることが困難であり、そのために放送番組が同時配信等で利用できないおそれがあります。

　そこで、令和3年の改正で、放送事業者等は、集中管理等が行われておらず、円滑に許諾を得られないと認められるレコード・レコード実演・映像実演について、通常の使用料額に相当する補償金を権利者に支払うことで、事前の許諾なく同時配信等で利用できるようになりました。

　改正法は令和4年1月1日に施行されます。

【監修者紹介】

森　公任（もり　こうにん）

昭和26年新潟県出身。中央大学法学部卒業。1980年弁護士登録（東京弁護士会）。1982年森法律事務所設立。おもな著作（監修書）に、『会社の倒産 しくみと手続き』『不動産契約基本法律用語辞典』『契約実務 基本法律用語辞典』『会社法務の法律知識と実務ポイント』『株主総会のしくみと手続き』『公正証書のしくみと実践書式集』『職場のトラブルをめぐる法律問題と実践解決書式』など（小社刊）がある。

森元　みのり（もりもと　みのり）

弁護士。2003年東京大学法学部卒業。2006年弁護士登録（東京弁護士会）。同年森法律事務所 入所。おもな著作（監修書）に、『会社の倒産 しくみと手続き』『不動産契約基本法律用語辞典』『契約実務 基本法律用語辞典』『会社法務の法律知識と実務ポイント』『株主総会のしくみと手続き』『公正証書のしくみと実践書式集』『職場のトラブルをめぐる法律問題と実践解決書式』など（小社刊）がある。

森法律事務所
弁護士16人体制。家事事件、不動産事件等が中心業務。
〒104-0033 東京都中央区新川2－15－3　森第二ビル
電話 03-3553-5916　http：//www.mori-law-office.com

すぐに役立つ
図解とＱ＆Ａでわかる
著作権の法律問題とトラブル解決法

2021年10月30日　第1刷発行

監修者	森公任　森元みのり	
発行者	前田俊秀	
発行所	株式会社三修社	
	〒150-0001　東京都渋谷区神宮前2-2-22	
	TEL　03-3405-4511　FAX　03-3405-4522	
	振替　00190-9-72758	
	http://www.sanshusha.co.jp	
	編集担当　北村英治	
印刷所	萩原印刷株式会社	
製本所	牧製本印刷株式会社	

©2021 K. Mori & M. Morimoto Printed in Japan
ISBN978-4-384-04878-0 C2032